L'ÉPOQUE FRANQUE

AU POINT DE VUE DES ARCHÉOLOGUES

N'EST PAS LA MÊME

EN FRANCE & EN BELGIQUE,

PAR

D.-A. VAN BASTELAER,

Pharmacien ; Membre correspondant de l'Académie royale de médecine ; de
l'Académie d'archéologie de Belgique ; de la Commission royale des
monuments ; Président du jury central de pharmacie de Belgique ; Membre
de la Commission médicale du Hainaut, etc., etc. ; Président de la Société
paléontologique et archéologique de l'arrondissement de Charleroi.

MONS,

HECTOR MANCEAUX, IMPRIMEUR-ÉDITEUR.
Rue des Fripiers, 4, Grand'Rue, 7 et 9.

1882.

L'ÉPOQUE FRANQUE.

L'ÉPOQUE FRANQUE

AU POINT DE VUE DES ARCHÉOLOGUES

N'EST PAS LA MÊME

EN FRANCE ET EN BELGIQUE.

RECHERCHES

SUR L'ÉTABLISSEMENT GRADUEL DES FRANCS DANS LE PAYS,

SPÉCIALEMENT DANS L'ARRONDISSEMENT DE CHARLEROI

D'APRÈS LE TEXTE D'AUTEURS LATINS,

ET SUR LA DÉTERMINATION DE L'ÉPOQUE DES CIMETIÈRES

DE TRANSITION ROMANO-FRANQUE DU SOL BELGE,

PAR

D.-A. VAN BASTELAER,

Pharmacien ; membre de l'Académie royale de médecine ; de l'Académie d'archéologie
de Belgique ; de la Commission royale des monuments du Hainaut ; de la Commission
médicale provinciale du Hainaut, etc. ; Président du jury central de pharmacie de
Belgique ; de la Société paléontologique et archéologique et de l'Union pharmaceutique
de Charleroi ; Vice-président de l'Association générale pharmaceutique de Belgique ;
Membre de la Société des sciences et des lettres du Hainaut ; de la Société des
sciences médicales de Bruxelles, etc.

MONS,

HECTOR MANCEAUX, IMPRIMEUR-ÉDITEUR,

1883.

TABLE DES MATIÈRES.

ADDENDUM.

Page 33, après le troisième paragraphe, ajoutez :

Mais il avoue dans le même passage que les Gaules presqu'entières se sont libérées : « omnes penitus Galliæ liberatæ ». FL. VOPISC. *Prob.* XV.

L'ÉPOQUE FRANQUE

AU POINT DE VUE DES ARCHÉOLOGUES

N'EST PAS LA MÊME EN FRANCE ET EN BELGIQUE.

INTRODUCTION.

A la dernière Exposition universelle de Paris, si remarquable au point de vue archéologique, et quelques jours après, au Musée de St Germain, j'eus le plaisir de causer avec des savants français de premier ordre, de l'époque franque et surtout de l'époque de transition romano-franque : l'époque à laquelle on peut reporter les tombes et les objets francs les plus reculés. Nous étions en présence des collections et nous avions les objets sous les yeux.

Dès l'abord je fus quelque peu étonné de la divergence complète d'opinion que je rencontrai entre les savants français et les belges sur ce point. Ce qu'on me donnait comme caractérisant d'une manière nette l'époque de transition romano-franque en France, ne différait en rien de ce que nous trouvons en Belgique dans tous nos cimetières francs, isolés de mélange romain, et que nous regardons comme appartenant à la pleine habitation des Francs dans notre pays. Je veux parler des boucles de ceinturons en acier damasquinés d'argent, des objets en bronze ornés de figures plus ou moins fantastiques[1] dragons, etc.

---

[1]. Ces figures ne prouvent pas grand chose pour la détermination d'une époque, car le goût s'en continua dans les campagnes de certaine contrée et il n'y a pas cinquante ans que, dans le Luxembourg comme dans bien des

Cet étonnement ne résista pas à la simple réflexion : l'époque de l'invasion franque dans la Gaule belgique est tout à fait distincte de l'époque de l'invasion franque dans les provinces du sud, ou France proprement dite.

Cette dernière invasion se fit plusieurs siècles après la première et, comme suite, l'époque de transition romano-franque est loin d'être la même en France et en Belgique. Les Francs se fixèrent entre la Seine et le Rhin bien longtemps avant de s'établir en France, et les plus anciennes tombes franques de ce dernier pays correspondent à une époque où depuis plusieurs siècles le sol belge, au moins en partie, recevait les sépultures de ces peuplades.

En un mot, les historiens et les archéologues de France, ont raison d'admettre pour leur pays comme époques franques : *l'époque mérovingienne* et *l'époque carlovingienne;* mais il en est tout autrement pour la Belgique.

La Gaule belgique à cette époque n'était plus romaine ; dès longtemps elle était franque ou plutôt belgo-franque et c'est même de son sein que partit la domination des Mérovingiens pour s'étendre sur la Gaule celtique.

WAERKŒNIG et GÉRARD, dans leur *Histoire des Francs d'Austrasie,* n'hésitent pas à déclarer que : « La Belgique fut le berceau, pour une bonne partie au moins, des deux grandes fractions de ce peuple, c'est-à-dire les *Francs saliens* et les *Francs ripuaires*. Qu'étaient les Francs en effet, ajoutent-ils, si ce n'est une confédération d'habitants du nord de la Belgique, des provinces limitrophes des Pays-Bas et des bords du Rhin. » Plus loin encore ils disent : « La Belgique fut le berceau des deux dynasties mérovingienne et carlovingienne. C'est de ce pays que

---

localités allemandes, les potiers ornaient encore leurs poteries de ces dragons terribles dessinés en teinte verte.

la nation franque se prépara à accomplir ses brillantes destinées. L'extrémité septentrionale des Gaules, qui correspond
aujourd'hui au royaume de Belgique et aux Pays-Bas, n'a pas
été conquise par les Barbares, comme la Gaule celtique ou
romaine, c'est au contraire d'ici que partirent les conquérants. » Et ces conquérants c'étaient les *Saliens* et les *Ripuaires*
qui avaient pris même leur nom dans la Belgique qu'ils avaient
envahie dès longtemps.

Cet envahissement d'ailleurs ne semble pas, en dernière
analyse, avoir porté grand préjudice à ces populations. La
Belgique pendant plusieurs siècles paraît avoir été simplement
une sorte d'étape et de lieu de réunion aux peuples Francs, pour
s'élancer à la conquête de la Gaule méridionale, devenue
ensuite la France. Il semble qu'après leur départ il resta généralement peu de populations franques dans le pays ; encore la
religion nouvelle y mit-elle de plus en plus d'unité avec les
Belgo - Germains primitifs qui , devenus *Belgo-Romains* par
l'effet d'une domination étrangère pendant quatre ou cinq
siècles, restèrent les habitants de notre Belgique.

Voilà donc qui est entendu, l'époque de transition *romano-
franque* en France, ou *gallo-franque,* est le commencement de
l'*époque mérovingienne,* l'âge des conquêtes de Clodion, tandis
qu'en Belgique les premiers mélanges *romano-franc,* ou plutôt
belgo-franc, étaient antérieurs de deux cents ans et avaient
même commencé, pour certaines parties du pays, dès l'origine
de la conquête et de la domination romaine, plus de quatre
cents ans plus tôt.

Avant l'époque *mérovingienne,* on pourrait dire qu'il y eut en
quelque sorte en Belgique une époque *salienne* et même pour
certaines contrées du nord, une époque *sicambre* ou âge des
Saliens primitifs.

Il suffira d'exprimer ces vérités pour qu'elles soient aussitôt
reconnues par tous. Cependant en appelant l'attention sur ce

point que l'on perd quelquefois de vue, il sera bon, pour lui donner plus d'importance, de le développer un peu en y joignant quelques détails historiques. Je sais que, pour les faits au moins, je ne pourrai rien dire que les savants ne connaissent et que les historiens n'aient écrit; mais ce sera déjà un mérite, me semble-t-il, d'appeler et de fixer l'attention sur une vérité importante en archéologie et d'en indiquer la portée et les conséquences capitales, que l'on semble parfois oublier.

*
* *

Tombes, cimetières francs ou de l'époque franque : voilà une expression dont on se contente le plus souvent et qui cependant, pour la Belgique, est extrêmement vague. Plus de quatre siècles avant la conquête et la domination franque en France ou l'époque *mérovingienne,* le sol belge portait quelques populations de cette nation et déjà alors des tombes et des cimetières francs étaient creusés dans le sol belge. De ces époques franques primitives, les archéologues se sont trop désintéressés jusqu'ici dans leurs recherches. Plusieurs ont la mauvaise habitude d'identifier notre archéologie avec l'archéologie française et c'est ce qui nous conduit souvent dans une fausse voie.

Dès la plus haute antiquité, au point de vue de la race et à tous autres points de vue, les populations belges étaient complètement distinctes des populations gauloises du sud et elles continuèrent à n'avoir rien de commun avec elles par suite de la situation du pays et des plus grandes facilités offertes aux invasions des peuplades germaniques ou franques.

Dans les recherches et les études des reliques recueillies religieusement au sein de la terre par les archéologues, ceux-ci devraient souvent reporter l'âge des objets francs retrouvés à une époque infiniment antérieure à ce que l'on pense d'ordinaire. Voilà ce qu'il faudrait toujours avoir présent à l'esprit.

APERÇU CHRONOLOGIQUE

DES INVASIONS ET DES ÉTABLISSEMENTS

GERMAINS ET FRANCS EN BELGIQUE.

PRÉLIMINAIRES.

Plusieurs siècles avant la conquête de César, les peuples celtiques ou gaulois, peu attachés à la terre, avaient quitté la Belgique, chassés vers les régions du sud par les invasions de nombreuses peuplades germaniques ; notre pays était dès lors germanisé, selon l'expression de SCHAYES, ou plutôt occupé par des peuplades germaniques devenues les nations belges. Nous avons ailleurs consacré quelques pages à ce fait important[1], et nous n'avons plus à nous y arrêter ici. Nous ne voulons aujourd'hui nous occuper que des temps où les Germains envahisseurs sont des Francs, c'est-à-dire, à l'époque romaine.

A l'époque de la conquête romaine, que César commença l'an 57 A. C., les habitants de la Gaule belgique, étaient donc des *Belgo-Germains*. Il n'y restait pas sensiblement de Gaulois ou Celtes. Aussi la division naturelle qui s'imposa de soi-même aux Romains, fut-elle celle-ci : *Gaule celtique* pour la France, *Gaule belgique* pour notre pays. Les peuplades qui plus tard devaient prendre le nom collectif de *Francs* étaient déjà éche-

----

1. *Les tombes gauloises de la France et les tombes germaniques de la Belgique antérieures à l'invasion romaine. Une tombe germanique découverte et méconnue en 1851 à Bernissart, village du Hainaut.* DEQUESNE-MASQUILLIER, à Mons, 1880.

lonnées le long de la rive droite du Rhin, surtout vers le nord. Elles s'étaient massées ensuite dans la Batavie vers les bouches du Rhin et de la Meuse. Ces peuplades, venues antérieurement du nord-est, avaient suivi la rive du Rhin en écartant les populations qui les habitaient.

*
* *

La Gaule belgique fut la dernière partie de la Gaule que Rome parvînt à soumettre et ce fut la première qui lui échappa.

La conquête de César était un fait accompli pour la Gaule du midi lorsqu'il attaqua la Gaule du nord; et quand il retourna en Italie pour s'occuper de la politique, après les guerres qui firent sa gloire, il laissa en réalité son œuvre inachevée et la Belgique loin d'être assujetie. Il fallut de longues années encore à l'Empire romain pour atteindre en partie ce résultat. Je dis: en partie, car la soumission ne fut jamais complète dans ces provinces, et certaines fières peuplades ne se regardèrent jamais comme sujettes, mais seulement comme alliées de Rome.

Il est vrai que les armées avaient massacré une partie des habitants et que la misère et les vexations avaient fini par en détruire une autre partie; mais il est vrai aussi que les Belgo-Germains, habitants de cette partie de la Gaule, la dernière assujettie, furent aussi les premiers à secouer le joug et à tendre la main aux envahisseurs Francs, leurs frères par l'origine, qu'ils accueillaient sur leur territoire, devenu trop étendu pour la population. Aussi dans toute la partie nord de l'ancienne Gaule belgique, partie formant la Hollande et la Belgique actuelle presqu'entière, ne vit-on jamais fonder aucune ville, aucun établissement romain; ni même construire aucun monument, temple, etc.

Pendant tout le temps de la domination romaine ces Belges, ou Belgo-Germains, étaient au fond toujours restés ennemis du conquérant et sympathiques à leurs frères de Germanie, dont ils protégeaient les entreprises avec un plein assentiment et souvent par des sacrifices matériels, comme nous le verrons maintes fois plus loin.

Les invasions germaniques eurent lieu du reste sans discontinuer depuis les temps de la république ; et plus tard les empereurs étaient forcés à chaque instant de faire la guerre à ces voisins qui, longeant le fleuve, saisissaient toutes les occasions de le traverser pour faire excursion dans le pays.

Il y a en tout cela certains points obscurs. Je voudrais essayer d'y mettre un peu d'ordre, sinon un peu de lumière, convaincu de pouvoir être ainsi de quelqu'utilité à mes amis archéologues.

Pour y arriver, je vais reprendre un travail que j'ai effleuré ailleurs [1]. Je me servirai surtout de textes d'auteurs contemporains des âges dont j'aurai à parler, ou au moins fort anciens ; et un peu, mais très sobrement, des déductions de quelques historiens modernes, les plus compétents.

Époque de la conquête de César.

Au temps même de César les invasions germaniques dont nous venons de parler avaient déjà lieu dans des conditions identiques à celles que nous avons indiquées, et ce général eut maintes fois à s'y opposer. Témoin ses *Commentaires,* qui constatent à chaque page des entreprises nouvelles de Germains, alliés aux peuples de Belgique, appelés par ceux-ci contre les Romains, et payés même de leurs deniers ; invasions qui jetèrent parfois la terreur parmi les troupes de l'Empire [2].

---

1. Le *Cimetière belgo-romano-franc de Strée. — Age du cimetière franc. —* Mons, MANCEAUX.

2. « Expulsis Germanis. » III, 7. — « Germanosque qui auxilio Belgis arcessiti dicebantur. » III, 11. — « Magna esse Germanis dolori Ariovisti

Son livre IVe est presqu'entièrement consacré à la répression
d'une invasion de peuplades germaniques qui s'étaient avancées
dans la Belgique, avaient envahi le pays des Menapiens [1] et,
d'accord avec les peuples du pays, qui leur avaient promis
tout ce qu'ils voudraient, étaient entrés chez les Eburons et
étaient même parvenus chez les Contrusiens, clients des
Trévires [2]. Ils faisaient des excursions pour fourrager jusque
chez les Ambivarites, sans s'inquiéter de la présence des
Romains, qui ne tentaient pas de les en empêcher [3]. Ils infligèrent même au premier moment un véritable échec à César [4].
Cependant celui-ci finit par les vaincre après les avoir pour-
suivis jusqu'au confluent du Rhin et de la Meuse. Il porte le

---

mortem et superiores nostras victorias : ardere Galliam, tot contumeliis
acceptis sub populi romani imperium redactum, superiore gloria rei militaris
extincta.... si Gallia omnis cum Germanis consentiat, unam esse in celeritate
positam salutem. » V, 29. — « Omnem esse in armis Galliam; Germanos
Rhenum transisse; Cæsaris, reliquorumque hiberna oppugnati. » V, 41.
— « Illi (Treviri) finitimos Germanos sollicitare et pecuniam polliceri non
desistunt. » VI, 2. — « Cæsar quum undique bellum parari videret, Nervios,
Aduaticos, Menapios, adjunctis cis rhenanis omnibus Germanis, esse in
armis..... a Treviris Germanos crebris legationibus sollicitari. » VI, 2.

1. « His interfectis, navibusque eorum occupatis..... flumen transierunt,
atque, omnibus eorum ædificiis occupatis, reliquam partis hiemis se eorum
copiis aluerunt. » IV, 4.

_2. « Missas legiones a nonnullis civitatibus ad Germanos, invitatosque
eos, uti ab Rheno discederent, omniaque, quæ postulassent, ab se fore
parata. Qua spe adducti Germani latius jam vagabuntur, et in fines Eburonum et Construsorum, qui sunt Trivirorum clientes. » IV, 6.

3. « Cognoverat enim magnam partem equitatus ab iis aliquot diebus ante,
prædandi frumentandique causa, ad Ambivaritos trans Mosam missam. »
IV, 9.

4. « Subfossisque equis compluribusque nostris dejectis, reliquos in
fugam conjecerunt, atque ita perterritos egerunt, ut non prius fuga desis-
terent, quam in conspectum agminis nostris venissent. » IV, 12.

nombre des envahisseurs à 430,000 hommes ce qui paraît cependant exagéré.

Une autre fois un parti de Sicambres vint, avec 2000 chevaux au delà du Rhin ravager le territoire des Eburons [1]. Puis ils s'avancèrent jusqu'au cœur du pays et vinrent attaquer et entourer le camp des Romains d'Aduatica [2], où hivernait l'armée de Cicéron et où se trouvait, pensait-on, les richesses romaines [3]. Ils taillèrent en pièces cinq cohortes romaines et jetèrent la terreur dans le camp [4], mais ne purent y entrer et se retirèrent tranquillement et sans obstacle dans leur pays [5].

Première période d'invasions de peuplades Franques et Sicambres.

Les invasions franco-germaniques dans la Gaule belgique, invasions que la présence de César et de son armée n'avait pu arrêter, se continuèrent de plus belle aussitôt son retour en Italie, l'an 49 A. C. Ces mouvements de populations n'avaient pas tardé même à laisser quelques peuplades assises dans le pays. Déjà à cette époque reculée, il y avait des établissements *franco-germains* nouveaux, mêlés aux anciennes tribus *belgogermaines* et vivant parfaitement côte à côte. L'espace ne manquait pas du reste en cette vaste Nervie, et dans cette

---

1. « Cogunt equitum duo millia Sigambri..... transeunt Rhenum navibus ratibusque..... Primos Eburonum fines adeunt. » VI, 35.

2. « Invitati præda longius, procedunt..... Aduaticam contendunt. » VI, 35. — « Circumfunduntur..... si quem aditum reperire possent. » VI, 37.

3. « Huc omnes suas fortunas exercitus Romanorum contulit. » VI, 35.

4. « Inopinantes nostri re nova perturbantur, ac vix primum impetum cohors in statione sustinet. » VI, 37. — « Postea despecta paucitate ex omnibus partibus impetum faciunt. » VI, 39. — « Pars a barbaris circomventa periit. » VI, 40.

5. « Germani desperata expugnatione castrorum..... trans Rhenum sese receperunt. » VI, 41.

Éburonie pillée [1] et un peu dépeuplée par César [2], qui prétendait avoir mis les Gaulois hors d'état de faire jamais la guerre aux Romains [3] et que Plutarque accuse d'y avoir pris ou tué 2,000,000 [4] d'hommes, ce qui est sans doute fort exagéré ; emplacement de cette immense Toxandrie, où les troupes romaines avaient jadis vainement poursuivi Ambiorix [5].

Nous venons de dire que ces établissements étaient à peu près tolérés par les *Belgo-Germains,* tombés sous la domination des Romains qu'ils abhorraient sans pouvoir se libérer [6] ; bien que ceux-ci n'avaient osé les asservir, ni les traiter comme peuples conquis, mais leur avaient laissé leurs institutions et leurs chefs, les tenant plutôt comme tributaires. Ils avaient même conservé leurs grandes assises annuelles ou assemblées générales de la Gaule, dans lesquelles cependant César venait d'ordinaire prendre la présidence.

César lui-même constate ces établissements cisrhenans de peuplades germaniques et *entre autres* des Segnes et des Contrusiens, qui habitaient entre les Eburons et les Trévires [7], dans la contrée correspondant à une partie des Ardennes et du Condroz.

---

1. « In Galliâ fana, templaque deorum expilavit. » SUET, *In Cæs,* 54.

2. « Deserta Nervia. » TACIT.

3. APPIAN. *De bello civ.,* II.

4. PLUTAR., *In Cæs.*

5. Comme le fait remarquer MOCKE. *La Belg. anc.* — Voir CÆS. *Com. bell. galic.* VI, 43.

6. « Qui jam ante se populi romani imperio subjectos dolerent. » Ibid. VII, 1.

7. « Segni, Contrusique, ex gente et numero Germanorum qui sunt inter Eburones Trevirosque, legatos ad Cæsarem miserunt, oratum ne se in hostium numero duceret, neve omnium Germanorum, qui essent citra Rhenum, unam esse causam judicaret. » CÆS. *Com. bell. gallic.,* VI, 32.

Cicéron, l'année même de la mort de César, l'an 43 A. C,
nous révèle le même fait en constatant la tranquillité surprenante où restèrent la Gaule et ses peuples divers lors de ce
grave événement qui remua l'Empire romain [1].

Toutefois, il est à peine nécessaire de faire remarquer que
ces établissements étaient en quelque sorte isolés et dispersés
parmi les populations du pays, qui les toléraient et les laissaient en paix dans les terres non occupées.

Ces faits continuèrent et augmentèrent considérablement
avec le temps.

Un problème intéressant et utile serait de trouver, d'une manière précise, les quartiers où eurent lieu ces établissements
successifs, espèces d'invasions partielles et pacifiques qui
n'offusquaient pas les maîtres, (désireux d'augmenter la population) et qui cependant aidaient au véritable envahissement.
Mais nous possédons si peu d'éléments historiques sûrs pour
ce travail, que l'on peut regarder le problème comme presqu'insoluble, aussi longtemps que les trouvailles archéologiques
ne l'auront pas élucidé [2].

Quand César fut rentré définitivement en Italie et que le
soin de son autorité et de sa gloire l'y retint complètement, il
flatta les Gaulois et leur accorda toute espèce de faveurs pour
gagner leur amitié. Il leur prodigua les richesses et combla

---

1. « Idem Balbus meliora de Gallia XXI die litteras habebat : Germanos
illasque nationes, re audita de *Cæsare*, legatos misisse ad Aurelianum, qui
est præpositus ab Hirtio, se, quod imperatum esset, esse facturos. » Cic.
Epist. ad Attic., XIV, 9.

2. Notre ami M. BECQUET, le savant membre de la Société archéologique
de Namur, s'occupe de cette solution par l'archéologie, en ce qui concerne
les invasions des Francs ripuaires, qui consommèrent plus tard l'invasion.

d'honneurs les principaux chefs, de façon à ce que Rome n'eût plus à craindre leurs révoltes [1]. Cette tactique réussit assez bien avec les Gaulois du midi déjà amollis par la prospérité et l'abondance, mais fort peu avec les Belges qui avaient conservé leur énergie.

C'était la conséquence du caractère plus mou et plus efféminé des Gaulois du sud et du caractère plus guerrier et plus sauvage des Belgo-germains du nord. « La Gaule n'est bonne qu'à servir de proie, disait Civilis, après avoir tenté un soulèvement général, ce qui lui reste de force ce sont les Belges seuls [2]. »

César avait déjà apprécié de même les habitants de la Gaule-Belgique [3].

Cette différence subsista du reste pendant toute la période de l'occupation romaine. Nous voyons jusqu'à la fin tous les peuples qui habitaient le sol de la Belgique actuelle fournir aux armées romaines des troupes régulières, qui conservaient leur nom national. Sous ce rapport ils semblent avoir été complètement assimilés aux Germains et regardés comme une race militaire, à laquelle l'Empire demandait des guerriers, contrairement aux peuples et aux nations qui habitaient la Gaule méridionale. Presque toutes les cohortes d'auxiliaires dans l'armée romaine portaient des noms de Nerviens, de Tongrois et de Ménapiens, ou de colons Germains fixés le long du Rhin, mais jamais des noms de peuples Gaulois méridionaux. Comme la Belgique formait l'extrémité la plus reculée de ce

---

1. HIRTIUS. *De bello. Gall.*, VIII, 49.

2. « Gallos quid aliud quam prædam victoribus? et tamen quod roboris sit Belgas secum palam aut voto stare. » TACIT. IV, 76.

3. « Horum omnium fortissimi sunt Belgæ, propterea quod a cultu atque humanitate provinciæ longissionæ absunt minimeque ad eos mercatores sæpe comineant atque eaque ad effeminendos animos pertinent, important. » CÆS. *Com. bell. gallic.*, I, 1.

grand Empire et qu'elle touchait au monde germanique, l'influence de Rome s'y exerçait moins directement. La langue nationale se conserva dans une partie de la contrée, ce qui prouve
que là du moins, la transformation des peuples fut incom-
plète [1] ; en effet, les mœurs, les institutions, les idées de la
race germanique persistèrent en Belgique, surtout dans la
partie septentrionale. Les hagiographes du VIIe siècle et des
âges suivants représentent les habitants de la Flandre, du
Brabant, de la Nervie et de la Toxandrie, comme des populations guerrières et indomptables, chez lesquels régnaient
encore les mœurs germaniques.

Le peu de consistance de la soumission vraiment fictive des
peuplades de la Gaule belgique, soumission incomparablement
mieux établie dans la Gaule du sud, les sympathies nationales
de ces peuples d'origine germanique pour les peuplades franques de même d'origine, leur aversion commune pour les
Romains [1], étaient cause qu'ils aidaient volontiers à l'occasion,
plus ou moins activement, les entreprises de leurs frères étrangers contre l'Empire romain.

*
* *

Vers l'an 35 A. C., M. Agrippa avait laissé les Ubiens
s'établir entre le Rhin et la Meuse au nord est de la Belgique [1].

Les Ubiens, quoique devenus colonie romaine, affichaient
leur origine germanique. Émigrés autrefois et d'une fidélité
éprouvée, ils furent placés par les Romains, comme défenseurs
et non comme prisonniers, au nord des Trévires, sur le terri-

---

1. Voir M.-G. MOKE. *La Belg. anc.*

1. « Trans fluvium (Rhenum) ad ista loca habitabant Ubii, quos nos
invitos Agrippa intra Rhenum traduxit. » STRABO. IV.

— 18 —

toire des Eburons orientaux saccagé par Cæsar, à la rive même
du Rhin, entre ce fleuve et la Roer [1].

Agrippine voulut étaler son pouvoir aux yeux des nations
alliées ; elle obtint l'établissement d'une colonie de vétérans
dans la ville des Ubiens nommée ensuite Cologne, où elle était
née et qui depuis a porté son nom. Par hasard, lorsque cette
nation était venue s'établir au-delà du Rhin, ce fut l'aïeul
Agrippa qui l'avait reçue dans l'alliance romaine [2].

C'étaient pour les Romains des alliés, et non des sujets [3].

L'an 30 A. C. la Gaule fut témoin d'une révolte fomentée
surtout par les Tréviriens qui avaient appelé à leur aide les
peuplades germaniques. Nonius Gallus, alors préfet de la
Gaule, fut chargé de réprimer ce mouvement [4].

L'année suivante vit renouveler les mêmes rebellions, soulevées cette fois par les Morins, alliés avec un grand nombre
de Suèves venus d'outre Rhin. Caïus Carinas, qui avait succédé
à Gallus, fut vainqueur [5] des révoltés et obtient le triomphe [6].

---

1. « Ne Ubii quidem, quamquam romana colonia esse meruerint, ac
libertius Agrippinienses conditoris sui nomine vocentur origine erubescunt,
transgressi olim, et experimento fidei super ipsam Rheni ripam collocati,
ut arcerent, non ut custodirentur. » TACIT. *De mor. Germ.* 28.

2. « Sed Agrippina, quo vim suam sociis quoque nationibus ostendaret,
in opidum Ubiorum, in quo genita erat, veteranos coloniamque deduci
impetrat ; cui nomen inditum ex vocabulo ipsius. Ac forte acciderat ut
eam gentem, Rheno transgressam, avus Agrippa in fidem acciperet. » TACIT.
Annal., XII, 27.

3. « Civitas Ubiorum socia nobis. » *Ibid.*, XII, 57.

4. « Erant tum quoque in armis Treviri, Germanis sibi adjunctis..... Hos
Nonius Gallus domuit. » DIO CASSI, LI.

5. *Ibidem.*

6. « Prima die octavianus triumphum egit de ..... nonnullis Galliæ ac
Germaniæ populis. Nam Caïus Carinas Morinos aliosque eorum rebellionis
socios domuerat, Suevosque Rhenum magno numero transgressos profli-
gaverat. » DIO CASSI, LI.

Auguste fut obligé d'envoyer une seconde fois Agrippa comme préfet dans la Gaule, pour apaiser une nouvelle révolte des habitants, accompagnée d'une invasion de Germains vers l'an 19 A. C. [1].

****

L'an 14 A. C. eut lieu une formidable invasion de Sicambres, unis à leurs frères les Tenchtères et les Usipèdes [2], tribus d'au-delà du Rhin, aidés par les Germains d'en-deçà du fleuve [3]; c'est-à-dire les restes des Eburons et d'autres peuples avec les Aduatiques.

Drusus soutint glorieusement la guerre et Auguste voulut en finir avec ces dernières peuplades toujours en révolte contre l'empire. Maintes fois décimées par les armées romaines, elles habitaient un territoire devenu trop vaste pour eux. Auguste les localisa dans la partie de ce territoire la plus éloignée du Rhin, dont ils se plaisaient à faciliter le passage aux incursions germaniques. Il leur ôta même leur nom, comme TACITE nous l'apprend [4] et en fit les Tongres. Il les remplaça le long du Rhin, entre ce fleuve, le Wahal, la Meuse et la Roër par les Sicambres vaincus et soumis, et par leurs alliés les Suèves [5]

---

1. « Agrippa ...... Galliis tum administrandis est præfectus : tumultuabantur enim invicem Galli, et a Germanis infestabantur. » DIO CASSI. LIII.

2. VELLEIUS PATERCULUS. — FLORUS.

3. « Civitates germanicæ, cis Rhenum et trans Rhenum positæ, oppugnantur a Druso. » TIT. LIV.

4. « Qui primi Rhenum transgressi Gallos expulerunt ac nunc Tungri, tunc Germani vacati sint. » TACIT. Germ. 2.

5. « Germanosque ultra Albim fluvium summovit ex quibus Suevos et Sicambros dedentes se, traduxit in Galliam, atque in proximis Rheno agris collocavit. » SUETON. D. Octav. Cæs. Aug., 21.

On a parfois écrit ici Ubios au lieu de Suevos, c'est une erreur.

auxquels il imposa le nom de Gugernes[1]; il cantonna les Tongrois à l'occident des derniers dans des terres qu'il leur assigna[2].

Cette seconde grande colonisation germanique en Belgique eut lieu en l'an 9 A. C. Les historiens placent les Tongres à l'ouest et tout à côté des Ubiens (à la hauteur de Cologne), à cheval sur la Meuse et s'étendant au sud jusqu'aux Ardennes, englobant la Famenne et au nord-ouest jusqu'au delà Louvain.

SCHAYES[3] place la limite sud des Tongrois à Charleroi, Beaumont, Chimay, ce qui tendrait à prouver que la contrée de Charleroi fut colonisée dès cette époque, par les peuplades germaniques, mais on n'admet pas en général cette grande extension de la Tongrie.

Un peu plus tard TACITE rappelle cette colonisation par ces mots :

« Comme autrefois les Sicambres décimés furent transportés dans la Gaule [4]. »

TACITE fait du reste en même temps allusion à une seconde colonisation de Sicambres opérée par Tibère, encore général, vers l'an 20 P. C., après une guerre brillante. « Il fit passer dans la Gaule quarante mille prisonniers de guerre et les établit

---

« Suevosque Rhenum magno numero trangressos profligaverunt. » DIO CASSI. LI.

1. TACIT. — PLINE. *Hist. nat.*, IV, 17.

2. « Secundum quos in occidentem Tungri barbari concessam sibi ab Augusto imperatorum primo regionem incolebant. »

On a cru pouvoir établir la synonymie entre *Tongrois* et *Thuringiens* :

« (Francos) primum quidem littora Rheni amnis ; dehinc transacto Rheno Thoringiam transmeasse. » GRÉG. TURON. II, 9.

3. *La Belgique ancienne*, t. II, p. 405.

4. « Ut quondam Sugambri excisi et in Gallias trajecti forent. » TACIT. *Annal.*, XII, 59.

dans des lieux qu'ils leur assigna le long du Rhin [1] », vers le nord des Ubiens, selon quelques auteurs. « Ils les y fit établir par les conseils plutôt que par la force. » [2].

Mais ces conseils et cette persuasion semblent avoir eu pour but non pas de décider les Sicambres à s'établir en Gaule, mais plutôt de les convaincre qu'ils devaient rester le long du Rhin et non s'avancer trop vers le cœur du pays.

*
* *

A ces diverses immigrations ou déplacements participèrent, selon les meilleurs historiens, outre les Tongrois [3], les Ubiens [4], les Suèves, les Suniques [5], les Bethases [6], d'autres peuplades plus ou moins unies sous la dénomination de Sicambres ; puis les Toxandres, mot qui semble comme le dernier, être la dénomination d'une collectivité nationale : les Toxandres divisés en plusieurs peuplades habitaient, entre le bas Escaut [7] et la basse Meuse, la Campine actuelle.

Nous trouvons en effet les noms de tous ces peuples, ou plutôt ces tribus appartenant à la vieille colonie Sicambre, parmi celles qui formèrent les armées de Civilis révolté contre les Romains vers l'an 70 [8].

---

1. « Germanico bello quadraginta millia deditiorum trajecit in Galliam, juxtaque ripam Rheni sedibus assignatis collocavit. » SUETON. *Tiber. Nero. Cœs,* IX.

EUTROP. *Brev. hist. rom.,* VII, 5, répète le même fait.

2. « Plura consilio quam vi perfecisse. » TACIT.

3. Voir TACIT. *Germ.* 2. — PROCOP. *Hist. Bell. gothic.,* I, 12.

4. Voir PLIN. *Hist. nat.,* IV, 31. — TACIT. *Hist.,* IV, 55 et 79.

5. Voir PLIN. *Hist. nat.,* IV, 31. — TACIT. *Hist ,* IV, 66.

6. Voir PLIN. *Hist. nat.,* IV. 37. — TACIT. *Hist.,* IV, 56, 66.

7. « A Scaldi incolunt extera Toxandri pluribus nominibus. » PLINE. *Hist. nat.,* IV, 31.

8. TACIT. *Hist.,* IV, 55, 56, 66, 79. — PLINE. *Hist. nat.,* IV, 31. — PROCOP. *De Bell. goth.,* I, 12.

Ces peuplades fixées d'abord, comme nous l'avons vu, entre le Rhin et la Meuse, vinrent ensuite jusqu'au bord de l'Escaut. Elles étaient réparties selon WAERKOENIG, GERARD et SCHAYES, qui font autorité en la matière, dans les provinces de Limbourg, de Namur, de Liége et même une partie du Luxembourg. Elles avaient pour voisins : à l'est les Ubiens et au sud les Tréviriens, placés entre la Moselle et la Meuse, qui les séparait du pays des Nerviens, leurs voisins[1], lesquels habitaient l'Entre Sambre et Meuse, l'Escaut et la Dyle.

C'est là que plus tard ces diverses peuplades réunies reçurent le nom de *Saliens,* quand vinrent s'y mêler, à la fin du IIe siècle, leurs frères du nord vers l'Yssel (Sala?) sur la côte au delà des embouchures du Rhin.

« Les Saliens, autrefois arrivés dans les environs de la Toxandrie sur le sol romain, y fixèrent leur domicile[2]. »

Les Saliens, comme les Nerviens[3], les Tréviriens[4], les Rémois[5], les Ubiens[6], etc., étaient restés libres de leurs institutions germaniques et avaient conservé leurs chefs. Ils étaient seulement fédérés, protégés du peuple Romain[7]; ils s'appartenaient (étaient autonomes[8]); ils étaient exempts d'impôts, sauf

---

1. « Treviris contigui sunt Nervii, germanica gens. » STRABO. IV.

2. « Salios olim in romano solo apud Toxandriam locum habitacula sibi figere. » AMM. MARCEL. *De Bell. civil.*

3. « Nervii liberi. » PLIN. *Hist. nat.,* IV, 31.

4. « Treviri liberi. » PLIN. *Hist. nat.,* IV, 31.

5. « Remi fœderati. » PLIN. *Hist. nat.,* IV, 31.

6. « Civitas Ubiorum socia nobis. » TACIT. *Annal.,* XII, 57. — Voir aussi STRABO. IV.

7. Dans cet état de fédération *fœdus, fœderatus,* on retrouve l'origine de la *féodalité,* définie par TACITE ci-contre, note 1.

8. « Οὗτοι αυτονομοι απαντες. » PROCOP. — DIO CASS. — SULP. ALEX. apud GRÉG. TURON.

celui du courage et du contingent militaire [1] et le devoir
d'aider Rome dans les guerres. Le but de l'Empire dans ces
colonisations était d'assurer la défense des frontières. « Ces
peuplades étaient placées sur le Rhin pour protéger l'Empire
et non pour être gardées comme prisonnières [2]. »

L'importance de ces colonisations était déjà bien grande à
cette époque, puisque Rome avait constaté qu'une partie de la
Belgique était franque ou germaine, et que la division géogra-
phique du pays avait été modifiée. Toute la contrée du nord-
est et toute la région appuyée à la rive gauche du Rhin, avaient
reçu les noms de *Gaule germanique première ou supérieure* et
germanique seconde ou inférieure, par opposition avec l'autre
partie qui retint le nom de *Gaule belgique.* La seconde germanique ou germanique inférieure, renfermait à peu près toutes
les contrées où les peuplades franques s'étaient localisées en
prenant possession du territoire ; je veux dire la Menapie, la
Tongrie, la Toxandrie, l'Eburonie, une portion de la Nervie
avec une grande partie du cours de la Sambre, etc.

L'établissement de ces nouvelles provinces ne fut sans doute
que la sanction des faits que l'opinion publique constatait
unanimement à l'avance, car TACITE en avait déjà parlé [3].

PTOLEMÉE, vers l'an 130, parle d'une manière plus précise
de la *haute et de la basse Germanie ;* mais il s'agissait encore

---

1. « Sibi non tributa sed virtutem et viros indici ; proximum id
liberta. » TACIT.

2. « Super ipsam Rheni ripam collocati, ut arcerent, non ut custodirentur. » TACIT. *De mor. Germ.,* 28.

3. « Inferiori Germaniæ legiones diutius sine consulari fuere. » TACIT.
Hist., I, 9. — « Superioris Germaniæ legiones ...... imperatorem alium
flagitare. » *Ibid.,* I, 12. — « At in superiore Germania Cæcina decora
juventa. » *Ibid.,* I, 53. — « Ne tutor quidem maturavit superiorem
Germaniæ ripam at ardua Alpium præsidiis claudere. » *Ibid.,* I, 70.

des parties tout à fait proches du Rhin. Ce ne fut que plus tard que la division se fit comme nous venons de l'indiquer. Le progrès ne se dessinait que graduellement.

[*]

Nous ne pensons pas que jusqu'ici les archéologues aient signalé dans le nord de la Belgique, des tombes ou des cimetières francs attribués à une époque aussi reculée, mais cela pourrait se présenter, et se présentera même, puisqu'il en a existé. Il est donc nécessaire d'appeler sur ce point leur attention sérieuse, car le pays resta en paix dans l'état que nous avons indiqué, aussi longtemps que les hordes de Barbares (nommées plus tard *Francs ripuaires*, en opposition avec les *Francs saliens*), furent contenues au delà du Rhin, c'est-à-dire, jusqu'à l'empereur Marc Aurèle, en 176. Pendant près d'un siècle, depuis la paix intervenue entre les Romains et les Germains après l'insurrection de Civilis, mais surtout depuis le succès des armes de Trajan, au delà du Rhin, les Sicambres et les autres tribus d'invasion vécurent tranquilles, en paix avec les autochtones du pays, conservant chacune ses usages et ses mœurs. A la faveur de cette longue tranquillité s'élevèrent sans doute en Belgique un grand nombre d'établissements agricoles et autres et, dit-on, ces nombreuses villas dont nous fouillons aujourd'hui les ruines. Trajan releva les places de guerre du Rhin et en fit de nouvelles.

Il ne faut pas penser à trouver la moindre marque de christianisme dans les tombes des Barbares à cette époque, car ces peuplades se prêtaient bien moins aux nouvelles doctrines que les populations romanisées du pays. D'ailleurs le christianisme était alors persécuté de toutes parts. Il était fort peu répandu

---

1. Ptolem. II, 9.

et pratiqué en secret ainsi que ses inhumations qui restaient isolées et cachées. Cependant il y avait, en 180, quelques églises le long de la rive gauche du Rhin ; et plusieurs villes des Gaules méridionales paraissent avoir eu des évêques dès le commencement du IIe siècle.

*
* *

En réalité, comme nous le montre la carte de PEUTINGER [1], les barbares Francs ligués continuaient de se tenir massés sur la rive droite du Rhin, et d'autres (les Saliens), le long de la côte, au nord des embouchures du même fleuve, guettant comme des loups autour d'une bergerie, l'heure favorable à l'invasion ; les derniers par mer, en descendant la côte et s'avançant par des fleuves divers ; les autres en traversant le Rhin et se jetant sur leur proie. Le moment arriva d'exécuter ces projets. L'invasion dirigée par les Cattes, fut repoussée par Pertinax (168) ; mais bientôt les Chauques entraînèrent une nouvelle incursion franque dans le pays (176). Elle se fit par mer et les envahisseurs s'introduisirent par les bouches de l'Escaut et autres fleuves du Nord, jusqu'au cœur du pays, et débarquant leurs troupes, ils portèrent le feu et le pillage jusque dans le Brabant, dans les Flandres, dans la Hesbaye et même dans une partie du Hainaut ; mais cette invasion fut encore passagère et les gouverneurs de la Gaule, Pertinax et Dide Julien, aidés des habitants du pays, surtout des tribus colonisées, en eurent assez facilement raison [2] et reçurent de l'empereur Marc Aurèle, le consulat pour récompense (180).

------

1. La date de ce document est douteuse : les uns l'attribuent au IVe siècle, tandis que les autres en reportent la rédaction *primitive* au règne de Marc Aurèle.

2. SPARTIANUS. *Did. Julian*, I.

Dès ce moment la paix fut anéantie dans la Gaule belgique, les invasions des Barbares recommencèrent. L'insurrection des habitants du pays, pressurés par le fisc, mais surtout l'impuissance d'un empire dont la décadence commençait, aidait puissamment et fréquemment à ces invasions. Ce fut ce qui arriva sous Commode (188) qui se trouva en présence d'un soulèvement général imminent accompagné d'une invasion de Saxons et de Frisons. Malgré les efforts de Claudius Albinus, il fut bientôt obligé de faire une paix honteuse avec les peuples qui bordaient le Rhin et dont plusieurs furent reçus sur le territoire romain et jusqu'en pleines possessions de l'empire.

Cet état d'invasion et de dévastation permanent était cause que les propriétaires de terres en Gaule avaient soin de ne pas venir y habiter et s'y faisaient remplacer par des colons salariés. Les fonctionnaires de Rome se gardaient bien aussi de briguer des offices dans ces contrées, et ceux-ci étaient donnés à ceux qui n'avaient pas crainte d'affronter « un climat qui attristait les regards de tous ceux dont ce n'était pas la patrie », dit TACITE. Il fallait livrer les charges romaines aux indigènes.

En 213, Caracalla donna aux Barbares, assujettis à l'empire, la qualité de citoyen romain, ce qui les mettait à même de remplir ces fonctions. Naturellement les campagnes étaient abandonnées par ceux qui pouvaient s'éloigner et elles devenaient peu habitées. Il fallait les repeupler et Alexandre Sévère eut recours, selon le système toujours suivi, à la colonisation de tribus barbares. Il leur concéda les terres arables que ceux-ci demandaient, à la condition de pouvoir compter sur leurs armes [1].

---

1. « Sola quæ de hostibus capta sunt limitaneis ducibus et militibus donavit. » LAMPRID. *In Alex. Sever.*, 58.

Cet empereur eut encore à réprimer une incursion de Germains qui avaient passé le Rhin et le Danube vers 226 et porta ensuite au delà du fleuve une guerre, qui fut terminée par Maximin.

*
* *

Telle est la première étape de l'établissement des Francs, ou plutôt de leurs ancêtres les *Sicambres,* en Belgique. C'est le nom que Sidoine Apollinaire donne aux Francs de cette époque en parlant de Trajan [1].

Peut-être pourrait-on dire que ce fut pour le nord de la Belgique l'*époque des Sicambres,* ce serait une expression parfaitement juste pour ce temps qui n'était pas encore l'*époque des Saliens,* car ce nom n'avait pas paru jusque là.

Quant à l'identité des deux races, elle n'est pas douteuse et longtemps après, les *Saliens* unis aux *Ripuaires*, reprirent les noms collectifs de *Francs* et de *Sicambres* [2].

Ces peuples dès lors s'avançaient parfois du nord vers le sud au delà de la Meuse et même de l'Escaut, jusqu'à la rive gauche de la Lys, où dit-on, on rencontre comme souvenir des Suèves, les noms de *Sueveghem* et *Suevezeele.* Ils tentaient même d'arriver jusque dans le nord de la Nervie, avides d'échanger les sables arides de la Campine contre les terres fertiles de ces contrées.

Ce n'était cependant encore dans ces régions que des établissements isolés et dispersés, en paix avec les populations du pays, sur les terres inoccupées. Mais les bords de la Sambre

---

1. « Ulpius inde venit, quo formidata Sicambris Agrippina fuit : fortis, pius, integer, acer. Sidon. Apollin. VII, 114.

2. La synonymie de ces mots se retrouve dans les auteurs de la basse latinité : Claudianus, Fortunatus, Gregorius turinus et surtout Sidonius Apollinaris.

et l'arrondissement de Charleroi n'y avaient probablement pas encore participé. Quant aux établissements du *Belgium,* ils prirent une part active à la ligue de Civilis.

GRÉGOIRE DE TOURS, dans son *Histoire des Francs,* nous apprend que sous le consulat de Dacius (250), sept évêques furent sacrés pour aller porter l'évangile dans les Gaules. En effet, au III⁰ siècle, on avait prêché l'évangile dans les Flandres, dont les côtes maritimes étaient habitées par les Barbares. St Eucher fonda le siège de Trèves au commencement de ce siècle.

Comme culte public la religion était peu répandue; cependant comme idées et comme dogmes elle faisait d'immenses progrès même dans l'esprit des dominateurs, et Alexandre Sévère, qui régna de 222 à 235, révérait chaque jour le portrait du Christ qu'il avait placé dans son *lararium* avec des figures payennes [1].

Les archéologues ne doivent donc pas s'attendre à rencontrer de cette époque, des marques de christianisme dans les tombes et surtout dans des tombes franques, en supposant qu'il fût possible de reporter à ce temps l'une ou l'autre découverte de cette nature, ce qui jusqu'ici ne s'est pas présenté, pensons-nous.

Seconde période d'invasion des peuples Francs ou Saliens.

Les *Saliens,* établis antérieurement en Belgique, ne paraissent pas jusque là s'être souvent mêlés directement aux armées de la ligue des peuples voisins du Rhin, qui devinrent les

---

1. « Matutinis horis in larario suo, in quo et divos principes, sed optimos, electos, et animas sanctiores in queis Apollonium, et quantum scriptor suorum temporum dicit, Christum, Abraham et Orpheumet hujus modi cæteros habebat. » LAMPRID. *In Alex. Sévèr.,* 28.

Ripuaires, mais ils profitaient adroitement de leurs incursions pour s'emparer eux-mêmes des terres voisines plus ou moins libres, souvent avec l'autorisation de Rome et en leur qualité d'alliés, sachant dans ce but se plier aux usages romains. Ces tribus saliennes s'agrandissaient du reste aussi de populations d'outre Rhin enlevées par les troupes romaines et transplantées en Gaule comme *læti,* cultivateurs presque libres et tributaires fournissant leur contingent aux armées.

Dès lors la fameuse ligue des barbares pour laquelle ceux-ci prirent le nom de *Francs,* était formée entre les peuples de la rive droite. Les principaux d'entre eux cités par les auteurs, sont les Bructères, les Cattes, les Chauques, les Chérusques, les Chamaves, les Ampsuaires et les Attuaires [1]. Les diverses peuplades saliennes des rives de l'Yssel et les diverses peuplades de l'intérieur sur la rive gauche s'y étaient unies.

Cette ligue doit avoir suivi de près la révolte des peuples Bataves, Saliens et autres commandés par Civilis, bien qu'au milieu du IIIe siècle seulement, la ligue et même le nom de *Francs,* soient cités pour la première fois.

Ce nom fait son apparition dans les auteurs latins à propos d'une incursion due déjà à la ligue franque, et dont VOPISCUS parle en ces termes :

« Au temps où Aurélien était près de Mayence comme tribun

---

1. « Chauci, Ampsuarii, Cherusci, Chamavi, qui et Franci. » *Table de* PEUTINGER.

« Rheno ex inde transmisso regionem subito percussit Francorum quos Attuarios vocant. » AMM. MARCEL XX, 10.

« Collecto ergo exercitu, transgressus Rhenum, Bructeros ripæ proximos, pagum etiam quem Chamavi incolunt depopulatus est, nullo unquam accurrante, nisi quod pauci ex Ampsuariis at Chattis, Marcomer duce, in ulterioribus collium jugis apparuere. » SULPICIUS ALEXANDER, apud GRÉG. TURON. II, 9.

de la VIe légion gauloise, les *Francs* ayant fait irruption et s'étant répandus dans la Gaule entière, il les battit de telle façon qu'il en tua sept cents et fit trois cents prisonniers de guerre qu'il vendit. On en fit le refrain : Nous avons massacré d'un coup mille Francs, mille Sarmates ! Nous cherchons maintenant mille et mille Perses ! " [1].

Récit exagéré et emphatique d'un fait que les auteurs, se basant sur les *Fastes consulaires,* reportent à l'an 240 [2].

Le mouvement de la Fédération franque ne fit que s'accentuer et en 254-259, les Allemands du Haut-Rhin traversèrent le fleuve au-dessus de Mayence. Les Francs saliens de l'Yssel de leur côté entrèrent au cœur du pays par les fleuves sur toute la côte de la Gaule jusqu'en Espagne, c'était un torrent [3]. Gallien vint enfin en personne occuper le Rhin pour en défendre tous les gués aux Francs de la rive droite, pendant qu'il combattait ceux de la rive gauche ; mais il n'en put venir à bout et il fut obligé de faire alliance avec les ennemis, tolérant les uns où ils s'étaient introduits jusqu'au sein de la Nervie et chargeant les autres, à l'imitation d'Auguste, de garder les frontières, à titre de *milites limitanei et riparii* avec une redevance et des terres à cultiver. C'était évidemment un

---

1. « Aurelianus apud Moguntium tribunus legionis sextæ gallicæ Francos irruentes, quum vagarentur per totam Galliam, sic afflixit ut trecentos ex his captos, septingentis interemptis, sub corona vendiderit. Unde iterum de eo facto est cantilena : mille Francos, mille Sarmata semel occidimus; mille, mille Persas quærimus. » FL. VOPISCUS. *Div. Aurelian.,* VII.

2. Voir DOM BOUQUET. *Rer. gallic. script.* 540, note 6.

3. « Alamanni, vastatis Gallis, in Italiam irruperunt.... Germani usque ad Hispanias penetraverunt. » EUTROP. *Hist. rom. brev.* IX, 8. — SEXT. AUREL. VICT. *In Cæsaribus,* XXXIII. — PAUL. OROS., VII, 22; VII, 41. — NAZARI. *Paneg. Const.,* XVIII. — EUSEB. *Chronica.*

acte d'impuissance [1]. Les établissements des Francs dans la Gaule belgique devenaient stables.

*
* *

« Prince mou [2] et dégénéré [3], il finit par s'aliéner complètement les Gaulois; qui ne pouvant plus s'en rapporter à Rome du soin de leur défense élirent des empereurs Gaulois pour y pourvoir. Posthume fut le premier. » (262) [4] et plusieurs Augustes se succédèrent pendant 13 ans, habitant le sol de la Gaule belgique, tantôt combattant les Barbares le long du Rhin, tantôt s'unissant à eux pour combattre les Romains; mais toujours d'accord avec les Saliens de l'intérieur et protégeant leurs établissements.

Depuis le règne de Gallien, l'empire romain énervé fut en proie à une suite non interrompue de guerres civiles qui favorisaient d'une manière déplorable l'invasion des Francs. Leurs empiètements successifs étaient du reste à demi tolérés par les habitants et surtout par les Saliens établis en Belgique, qui eux-mêmes s'avançaient de plus en plus vers le Sud [5]. Posthume dès son avènement les avait introduits dans l'armée avec laquelle il combattait Gallien [6]. Les Francs apprirent

------

1. Zosim. *Hist.*, 1. *Gallian, imp.* et Zonar. *Annal.*, XII; deux auteurs grecs qui ont écrit cette guerre en détail.

2. « Principis mollieris. » Flav. Vorisc., *Probus*, VI.

3. « Galli quibus insitum est leves ac degenerantes a virtute romana principes et luxuriosos ferre non posse. Posthumium ad imperium vocarunt. » Trebell. Pollio. *Hist. August. In Gallianis duob.*

4. « Posthumius in Gallia obscurcissime natus purpuram sumpsit. » Eutrop. *Hist. rom. brev.*, IX, 9.

5. Trebell. Pollio. *Hist. August. In Tetrico.* — *Ibid.*, in *Gall.*, VII. — Flav. Vorisc. *Div. Aurelian*, XXXII. — Eutrop. *Hist. rom. brev.*, C.

6. « Multis auxiliis Francis. » Trebell. Poll., apud D. Bouquet, t. I, p. 538.

ainsi à battre les Romains. Leur puissance se formait et allait s'imposer.

L'empereur Aurélien fit une expédition contre les Francs ; il chassa les Saliens des terres qu'ils possédaient depuis 13 ans en pleine Gaule belgique en Nervie et en Trévirie et il repoussa les Barbares jusqu'au delà du Rhin. Mais les résultats obtenus furent éphémères et la même année, au moment de la mort de l'empereur en 275, les choses furent ramenées dans le même état. Les Barbares forcèrent de nouveau la frontière, traversèrent le Rhin et se répandirent jusqu'au cœur du pays ; les Saliens expulsés de leurs habitations et sans doute réfugiés provisoirement dans les forêts, ou même en pays étranger, outre Rhin, en sortirent pour reprendre leurs possessions dans la plus grande partie de la Belgique. Pour les peuplades franques d'outre Rhin, elles étaient devenues en quelque sorte maîtresses de la Gaule [1]. Ces faits se passaient sous les empepereurs Florien et Tacite [2].

Probus monté sur le trône voulut rétablir dans la Gaule l'autorité romaine. Il s'y transporta à la tête d'une grande armée (277). Depuis Gallien les frontières étaient restées ouvertes de tous côtés et il est facile d'imaginer quelle quantité de Barbares étaient venus de toutes parts s'y installer. Il attaqua tous ceux qui y avaient fondé des établissements et s'efforça de reprendre les terres et les localités envahies [3]. Il battit les peuplades qu'il rencontra dans la Gaule, puis il leur accorda la paix et cantonna dans la Belgique des tribus entières

---

1. « Galliæ omnes, occiso Posthumio, turbatæ fuerunt ; interfecto Aureliano, a Germanis possessæ. » FL. VOPISC. *Prob.*, XIII.

2. FLAV. VOPISC. *Prob*, XV.

3. « (Probus) Gallias a Barbaris occupatas ingenti prœliorum felicitate restituit. » EUTROP. *Hist. rom. brev.*, IX, 17. — « Quæ vicinis Rheno barbaris infestabantur. » ZOSIM. 1. *Probus, imp.*

composées d'une multitude de Francs auxquels il concéda des territoires (280) [1]. Cette concession de territoire aux vaincus se réduisit sans doute à leur rendre la possession d'une région entièrement envahie depuis le faible Gallien.

L'empereur ne leur accorda la paix qu'en les pillant de tout, et leur imposant même un tribut écrasant pour l'avenir. Il écrivait au sénat avec l'exagération usitée par les Romains en pareille circonstance.

« Dès aujourd'hui les Barbares labourent et sèment pour vous et ils combattent vos ennemis intérieurs..... Les champs gaulois sont labourés par les bœufs des Barbares et les attelages germains captifs présentent le cou à nos cultivateurs. [2] »

Il porta ensuite la guerre en Germanie et y eut les plus grands succès.

Voïci en somme ce que l'on peut lire derrière toute cette emphase : Probus ayant vaincu des *læti* ou *peuplades tributaires* révoltées contre le fisc romain et qui refusaient l'impôt, fut heureux de rétablir encore le même état de choses et transplanta dans les Gaules des tribus tout entières pour cultiver les champs à titre de *læti* nouveaux.

Nous ne savons si c'est pendant tous ces remaniements de Probus, qu'une colonie de *læti* nerviens du Nord quittèrent leur pays et furent transplantés vers Famars dans la partie la plus méridionale de la Nervie. Toujours est-il que ce fait de germanisation eut lieu au IIIe siècle.

Posthume avait reconstruit le long du Rhin les anciennes forteresses et garni les frontières de nouveaux forts pour

---

1. « Quum Franci ad imperatorem accessissent, et ab eo sedes obtinuissent.... ». Zosim. *I, Prob. imp.*

2. « Omnes jam Barbari vobis arant vobis jam serunt et contra interiores militant.... Arantur gallicana rura Barbaris bobus, et juga germanica captiva præbent nostris colla cultoribus, » Fl. Vopisc. *Prob.*, XV.

défendre la frontière gauloise contre les peuplades germaniques ; mais un peu aussi contre les Romains eux-mêmes ; Probus profita de ces travaux et continua ce système ; il y mit des garnisons. On pense qu'il prit des mesures analogues au cœur de la Gaule en vue des révoltes de peuplades autochthones, *« interiores gentes »* contre lesquelles il écrivait au sénat qu'il devait employer les armes des troupes barbares stipendiées.

C'est donc l'époque où, après la pacification, furent construits et pourvus de garnisons par Probus les *castra* romains dans l'intérieur du pays pour protéger les habitants des campagnes [1].

Le Ménapien Carausius, amiral des flottes romaines qui étaient des flottilles de fleuves et de côtes, se mit en désaccord avec l'empereur Maximien Hercule (286). Il se déclara lui-même Auguste dans la Gaule, comme son antagoniste ; il organisa une flotte de marins Francs fournis par les peuplades des îles Bataves [2] unies aux Sicambres des bords du Wahal et aux Saxons.

Ces peuples traversèrent le Wahal et se répandirent dans le pays entier [3].

Maximien Hercule s'opposa aux projets de Carausius, qui

---

1. « Castra in solo barbarico posuit atque illic milites collocavit. » FL. VOPISC. *Prob.*, XIII.

2. « Terram Bataviam..... a diversis Francorum gentibus occupatam. » CLAUD. MAM. EUMENIUS. *Paneg. In Constantino mag.*, *Dictus*, V. — « Interim Batavia, Galliæ regio per Francos reges aliquot occupata, ad Carausium tyrannum defecit. » SIGONIUS. *Imp. occid.*, I, 12.

3. « Comperto quod Carausius insidias contra Romani regni fidem moliretur qui tamen procurator constitutus erat provinciæ quæ est juxta Oceanum, ubi Franci jam secundo a suis sedibus expulsi juxta Gallorum et Saxonum confinia consederunt. » SURIUS. *Acta sanctorum*, t. V.

se réfugia en Angleterre et les empereurs l'y laissèrent provisoirement en paix (289) [1].

** **

Vainqueur et voulant enlever à son antagoniste ses alliés Francs, il fit ce que Carausius avait déjà fait lui-même et, par un traité, il confirma dans la possession de leurs terres un très grand nombre de Francs saliens établis, sous les ordres de Genobald et d'Areth au couchant de la basse Meuse jusqu'à l'Océan et il les remit définitivement en possession des terrains qu'ils avaient *déjà occupés* précédemment dans la Trévirie, la Nervie, la Tongrie, et surtout dans la vallée du Démer, champs qui étaient restés depuis lors incultes et en quelque sorte *en jachère* (291).

Eumène dit en effet : « Sicut postea tuo , Maximiane, augusto nutu Nerviorum et Trevirorum arva *jacentia* lætus *postliminio restitutus* et receptus in lege Francus excolit [2]. »

Postliminium était le droit par lequel les prisonniers de guerre enlevés à leur demeure y rentraient avec tous leurs droits et privilèges [3].

---

1. « Multa ille (Maximianus) Francorum millia qui Bataviam aliasque cis Rhenum terras invaserant, interfecit, depulit, cepit, abduxit. » Panegyriste romain inconnu. *In Maximiano et Constantio*, IV, *apud* Dom Bouquet, t. I, p. 714. — Claud. Mamertin. Eumen. *Paneg. Prim. in Maximian.* — Claud. Mamert. Eumen. *Paneg. secund. in Maxim.*, V.

2. C'est ainsi, Maximien, que par ton auguste volonté le Franc, soustrait à la captivité, repatrié et admis à la loi romaine, reprit la culture de ses terres de Nervie et de Trévirie, restées incultes par son absence. » Mamertinus Eumenius. Claud. *Panegyr. In Maximiano Caes., Dictus*, XXI.

3. « *Postliminio receptus*, dicitur is qui extra limina, hoc est terminos Provinciæ, captus fuerat, rursus ad proprium revertur. » Samuel Pitiscus. *Lexicon antiq. roman.*

L'épithète *jacentia* n'implique pas ici, comme on l'a parfois soutenu, que la Nervie était inculte et *déserte*[1], mais elle signifie seulement *non cultivée* en l'absence des propriétaires Francs captifs, en jachère en quelque sorte.

A propos d'une autre colonisation dont nous allons parler, Eumène explique fort clairement l'état des Francs relativement à l'empire, qui en colonisa en Gaule des *peuples entiers* sous Constance Chlore, Constantin, etc.

Les peuplades franques avaient été cantonnées dans les régions inhabitées de la Gaule pour aider l'empire romain par la culture en temps de paix et par leurs levées de troupes en temps de guerre [2].

Nous ferons remarquer ici que l'arrondissement de Charleroi se trouve en Nervie, non loin de la frontière de Trévirie, deux pays qui du reste se touchaient.

Comme nous l'avons dit ci-devant, l'on n'admet pas avec Schayes que cette contrée eût déjà été colonisée lors de cantonnement des Tongrois par Auguste. On n'admet pas non plus l'opinion d'autres auteurs qui étendent ces colonisations franques de Maximien jusqu'au Cambresis.

« Propter jus *postliminium* hi qui ab hostibus capti sunt, si reversi fuerint per omnia pristina jura recipiunt. » Justinian. *Institut.* I, 12, 5.

1. Se basant sur cette interprétation que nous regardons comme fausse, plusieurs auteurs ont pensé que le Belgium et surtout la Nervie et la Trévirie étaient *restées* désertes, grâce à l'extermination faite par César de la nation des Aduatiques massacrés ou vendus et qui ne reparaissent plus comme peuples pendant les guerres suivantes soutenues par les peuplades gauloises. Ce qui fut vrai aussitôt après la guerre de César « deserta Nervorum » dit Tacite, se modifia bientôt dès les premières invasions des Francs, avides de posséder ces bonnes terres.

2. « Franciæ nationes in desertis Galliæ regionibus collocatas ut pacem Romani imperii culto juvarent et arma delectu. » Claud. Mamert. Eum. *Paneg. In Constantio*, II.

Ces peuples francs, nomades, guerriers, devinrent donc
fixes et agriculteurs. Ils prirent des mœurs stables et restèrent
en paix ; servant les Romains comme colonies libres « lætus
receptus in leges, arva excolit » ; et deux cents ans après
l'on retrouve les Francs dans les mêmes contrées. En effet,
soixante-cinq ans plus tard, Constance avait dans son armée un
corps de ces Francs saliens, commandé par le général Sylvain
dont le mérite fit le malheur et qui fut avec plusieurs de ses
compagnons sacrifié à ses envieux [1].

Ce système de concessions de terres faites à des *laeti* et ces
cantonnements dans des contrées peu populeuses livrées à des
Francs, système que nous avons vu tant de fois appliquer
continua de l'être dans la Gaule belgique, et fut suivi jusqu'à
la fin [2].

* * *

Constance Chlore alors général romain, fut envoyé dans
la Gaule contre les Francs d'une nouvelle invasion. Il les
battit et en purgea la Batavie. Il leur donna des lois [3], et fit
grand nombre de prisonniers qu'il transporta comme *laeti* dans
diverses parties des Gaules, et surtout dans les contrées peu
habitées de la Belgique [4], « les champs de la Nervie et de la

---

1. V. BERLIER. *Précis d'hist. de la Gaule*, p. 147. — AMMIAN. MARCELL.
XX, 5.

2. AUREL. VICTOR. XXXIII. — PAUL OROS. *Advers. pagan. hist.*, VIII,
25. — AMM. MARCELL. *Rer. gest.*, XVII, 8.

3. « Constantius terram Bataviam a diversis Francorum gentibus occupatam purgavit. » CLAUD. MAM. EUMENI. *Panegyr, In Constantino magno,
Dictus*, V.

4. « Franciæ nationes in desertis regionibus collocatas, ut pacem Romani
imperii cultu juvarent at arma delectu. » CLAUD MAMERT. EUMEN. *Paneg.
In Constantino magno., Dict.*, VI.

Trévirie afin qu'en cultivant la terre au milieu de peuples déjà civilisés, ils pu ssent perdre leur férocité et leur remuant esprit d'indépendance [1]. » Cette soumission des Francs « ne fait que préparer leurs progrès futurs en éparpillant dans les deux Belgiques des colonies de leur nation » [2].

En dernière analyse, malgré les récits d'EUMÈNE et des autres auteurs latins marqués d'une exagération évidente, les victoires que Constance Chlore remporta sur les Francs aboutirent simplement à une paix qu'il leur donna, en tachant de les fixer dans des terres qu'il leur concéda. Toujours le système de ses prédécesseurs.

Les lettres pleines d'emphase que Probus, Constance Chlore et d'autres généraux envoyèrent au sénat, n'empêchent pas que le résultat des conquêtes de ces hommes de guerre se réduisit d'ordinaire à des pillages ; les Francs restèrent en possession du territoire qu'ils occupaient déjà. En somme les auteurs romains transformaient chaque fois en victoire, une espèce de compromis par lequel les hordes d'invasion déposaient les armes à condition d'obtenir les contrées qu'elles convoitaient. Telle était la conséquence de la *dedition* ou action de *se dedere,* quand il s'agissait des Barbares, dans le langage latin à cette époque. Telle était aussi la signification réelle des mots : « *domitis Francis* » employés par les panégyristes.

---

4. V. EM. DELAVELEYE. *Hist. des rois Francs.* — « Nobis arat ergo nunc Cauchus et Frisius ; et ille vagus, ille prædator, exercitio squalidus operætur, et frequentat nundinas, meas pecore venali et cultor barbarus annonam laxat ..... et servire se militiæ nomine gratulatur. » CLAUD. MAMMERT. EUMEN. *Panegyr. In Constantino magno,* C, 9.

« Ipsas in romanas transtulit nationes ut non solum arma, sed etiam feritatem ponere cogerentur. » CLAUD. MAM. EUMEN. *Paneg. in Constantino magn. Dict.,* V.

5. EM. DELAVELYE. *Hist. des rois Francs.*

Nous sommes en pleine *époque salienne* et nous assistons aux efforts inutilement tentés de loin en loin par les empereurs, ou leurs généraux pour abattre et réprimer la nouvelle puissance qui croissait tous les jours. C'est en vain que périodiquement on enlevait les habitants de certaines bourgades, on était forcé de les réintégrer ensuite dans leurs foyers ou au moins de les remplacer par leurs frères.

GÉRARD fait remarquer que la plupart du temps ces expéditions contre les Barbares ou les Francs se faisaient contre des *læti* [1] que l'on dépouillait et que l'on expulsait par ce qu'ils refusaient les impôts dont Rome les accablait. Dès longtemps en effet, il ne s'agissait plus de fédérés libres et exempts d'impôts. Après leur défaite les terres restaient incultes et l'on était forcé de chercher d'autres Francs, heureux d'en faire de nouveaux *læti* que l'on recommençait à pressurer et avec lesquels on arrivait toujours au même résultat.

Nous devons cependant ajouter qu'outre ces expéditions, auxquelles elles étaient entremêlées, il y avait les guerres faites pour réprimer les invasions des hordes franques qui s'introduisaient de plus en plus dans la Gaule belgique et se joignant aux peuplades de leur nation déjà établies dans l'intérieur. Il est essentiel de faire cette distinction.

Du reste, « depuis longtemps l'incurie du gouvernement laissait les Gaules ouvertes aux incursions des Barbares et leur route était toujours marquée par le pillage et l'incendie » [2].

---

1. MAX WIRTH, dans son *Histoire de la formation des États germaniques*, recommande de ne pas traduire ce mot par *lètes* : « Les lètes, dit-il, étaient des *esclaves* ou des *serfs*, tandis que les *læti* étaient des Germains émigrés et colonisés sur le territoire romain, qui s'étaient soumis à la conscription militaire, en retour de la concession du pays ».

2. « Cum, diuturna incuria, Galliæ cædes acerbas, rapinasque et incendia barbaris licenter grassantibus, nullo juvante, perferrent. » AMM. MARCELL., XV, 5.

Les invasions se faisaient quelquefois par les *Sicambres*, qui traversaient le Rhin, mais surtout par les *Francs saliens* venant du Nord et qui par mer se répandaient le long des fleuves et des rivières jusque dans le cœur du pays. Ces hordes guerrières s'avançaient à loisir et quand l'armée romaine arrivait pour la répression, ils faisaient une soumission apparente. L'empire qui sentait sa faiblesse faisait semblant d'y croire et leur accordait par traité ce qu'ils désiraient et ce qu'ils cherchaient, la possession de terres fertiles.

L'empire romain était en décadence, voilà la vérité et il se trouvait de toutes parts en butte aux incursions et aux empiètements des voisins. « Tout s'agitait parmi les Barbares : les uns s'assemblaient sur les frontières, les autres s'introduisaient dans l'empire, ou comme vainqueurs ou comme auxiliaires », dit CHATEAUBRIAND, dans ses *Études historiques,* en parlant de l'époque de Maximin.

Cette histoire toujours répétée de révolte, de guerre, de victoire et de concession nouvelle, ce qui remettait chaque fois les choses en l'état primitif ou plutôt ce qui introduisait chaque fois plus de Barbares dans la Gaule, fait toucher du doigt l'exagération et la partialité des auteurs romains qui présentent ces campagnes comme de hauts faits d'armes.

Le système de vastes concessions de terres, masquées sous le nom de déportation de peuples vaincus et de prime accordée à l'alliance et à la soumission, système renouvelé par les empereurs qui se succédaient, peut être considéré comme constituant la seconde étape de l'établissement des Francs dans la Belgique. Le pays, qui auparavant n'avait subi le plus souvent que des incursions passagères, était couvert dès lors d'établissements francs.

Et il faut ajouter que les prétendus grands succès des armées romaines n'empêchaient pas de nouvelles invasions.

Quelques années après les Barbares s'avancèrent en effet fort loin dans le pays (301).

Les Francs se trouvaient dans plusieurs parties de la Belgique, concurremment avec les Romains. Les indigènes, par esprit d'opposition à leurs maîtres, accueillaient même avec grande faveur le voisinage des nouveaux venus et la fusion s'opérait facilement entre ces nations d'origine germanique commune. L'envahissement était facilité par la bienveillance des indigènes à peine soumis, surtout en Nervie et en Toxandrie, dont les vastes territoires étaient loin d'être complètement habités, et constituaient d'ailleurs la plus grande partie du centre de la Belgique. Dans les autres provinces où la soumission était plus complète, le mécontentement du joug et des concussions des fonctionnaires romains amenait le même résultat. Du reste cette invasion fut moins une conquête véritable qu'une longue suite d'incursions pendant lesquelles les envahisseurs s'emparaient du pays pièce à pièce.

Ceux-ci s'établissaient autour des bourgs et des cités [1], mais n'y entraient guère ; ce sont des tombeaux, disaient-ils. Ainsi, voisins des villes, ils participèrent à leur civilisation et se préparèrent, deux siècles avant la conquête de la Gaule celtique, à vivre au milieu des Romains, à respecter leurs lois et leurs usages, ce qui facilita plus tard cette conquête. Cet état des Francs saliens dura depuis la fin du IIIe siècle jusqu'à Clodion.

Rien dorénavant ne pouvait les contenir vers les frontières de la Gaule, ils l'envahissaient progressivement, tantôt en guerre, tantôt en paix avec les empereurs ; qui se sentaient forcés de les ménager. Ils étaient en possession de presque toute la Nervie, dont ils avaient trouvé à leur convenance les terres fertiles.

---

1. « Juxta pagos et civitates. » GRÉG. TURON.

Les Romains eux-mêmes fraternisaient avec certaines tribus franques établies en paix.

Les Francs saliens surtout étaient craints et l'on en avait besoin. On se servait de leur contingent régulier, tout en faisant la guerre aux peuples d'outre Rhin qui tentaient de nouvelles invasions. Telle fut à la lettre la façon d'agir de Constantin Ier, qui vainquit les Francs d'outre Rhin et en fit livrer aux bêtes un certain nombre avec deux de leurs généraux (306) [1], tandis que dans le même temps, il avait recours aux contingents des Saliens commandés par leurs rois ou leurs chefs [2].

La principale préoccupation de l'empire était de maintenir par tous moyens les Francs dans leurs cantonnements de la Gaule belgique septentrionale qui comportait dès lors déjà la Belgique actuelle à peu près entière, les empêchant de s'étendre dans la Gaule méridionale.

Constantin fut obligé de repousser une autre invasion dans le pays de Liége, le Luxembourg, etc. (312). Son fils Crispus préposé à la défense des Gaules eut aussi à s'opposer aux entreprises des Francs d'outre Rhin (318). Tout cela avec l'aide des Francs du pays.

Dès ce moment les barbares Francs établis en Belgique, les hommes de l'avenir, s'unissent pour défendre leurs frontières contre de nouvelles invasions ; pendant que les Romains, la civilisation antique incarnée, au milieu du luxe, de la corruption et des débordements, s'égorgent dans les guerres civiles et laissent l'empire s'effondrer peu à peu.

---

1. Eutropius. *Hist. rom. brev.*, X, 3.
2. Zosimus.

L'insurrection, je ne dirai pas la conquête, levait la tête comme conséquence naturelle de l'anarchie et du manque d'autorité.

Depuis longtemps, la population était formée de plusieurs éléments, tous de même origine germanique et franque, tous sourdement opposés à la rude domination romaine qui pesait sur eux et aux exactions criantes dont on les accablait, tous préparés à s'unir pour secouer le joug [1].

C'étaient d'abord les Belges romanisés ou Belgo-Romains, descendants des autochthones, qui avaient subi la conquête et composaient la masse de la population de l'intérieur.

Puis les Sicambres cantonnés, comme nous l'avons vu vers la Batavie, qui s'étaient unis à leurs voisins et leurs frères et s'étaient étendus peu à peu vers le sud et dans presque toutes les parties du pays ; envoyant des familles et des bandes qui s'étaient glissées et comme insinuées au milieu des populations sans exciter la malveillance. Ces familles s'étaient établies soit isolément au milieu de villages belges, soit en groupe, fondant des établissements ou des bourgades entières isolées ou rapprochées, mais toujours en paix avec leurs voisins et quelque peu romanisés eux-mêmes.

A ces derniers étaient venues se joindre des peuplades franques victimes de la guerre, enlevées par les empereurs à diverses époques et transportées à l'état de *læti* dans diverses terres pour les cultiver en tributaires. Ce qui s'était du reste renouvelé à diverses époques comme nous l'avons vu et comme nous le verrons encore [2].

Ensuite les troupes franques, faisant partie des armées

---

1. « In Britannia, in Germania, in Dacia imperium recusantibus provincialibus. » LAMPRIDIUS. *Comm.*, XIII.

2. DOM GRENIER, p. 70.

romaines mais n'oubliant jamais, tout en prêtant leur force à ces armées, qu'ils servaient leurs ennemis et qu'ils devaient rester Francs avant tout et amis des peuples conquis composés de frères. Ces Francs étaient aussi familiarisés et en quelque sorte pliés à la civilisation de Rome.

On peut leur assimiler les *limites militanei et riparii* cantonnés le long du Rhin et toujours prêts à saisir l'occasion de s'avancer vers les terres fertiles de l'intérieur du pays.

Ces *milites riparii* étaient, sans doute, constitués par des corps chargés du service des flottilles ou des flottes créées pour garder les fleuves et les côtes. Il semble en effet qu'il y avait une flottille germanique chargée de garder le Rhin et fixée à Cologne surtout ; une autre pour le service de la Roer et la Meuse, fixée à Weisweiler ; une autre pour le Ruppel et l'Escaut, fixée à Rumps ; et enfin une autre encore pour les bords de la mer du Nord et l'embouchure du vieux Rhin, à Katwys et Woorbug, etc. [1].

La *Notitia dignitatum imperii,* énumérant les flottilles chargées de garder les fleuves, parle de la flottille de la Sambre [2].

La Gaule était ouverte, les cultures étaient abandonnées par les riches colons romains qui se réfugiaient dans les villes et les forteresses qu'ils construisaient pour se mettre à l'abri, et livraient leurs champs à leurs esclaves et à leurs serviteurs souvent de nationalité franque. Beaucoup de terres furent même abandonnées et comme telles furent confisquées par le fisc romain. On tenta en vain de coloniser de nouveau ces contrées abandonnées en donnant les terres à qui en voulait.

Les Barbares ne trouvant plus de résistance nulle part, mettaient à feu à sang tout ce qui était romain. Toute la

---

1. *Annales de la Société archéologique de Namur,* t. XVIII, pp. 69 et 70.
2. DESROCHES. *Hist. anc. des Pays-bas autr.,* p. 134.

campagne était dévastée [1], les villes voisines du Rhin prises [2].

« OROSE, dit GÉRARD [3], compare la Gaule à un malade pâle, décharné, défiguré par une fièvre brûlante, qui a tari son sang et épuisé ses forces [4]. »

Constance découragé envoya Julien en Gaule, celui-ci trouva le pays dans l'état que nous venons de décrire, les habitants réfugiés dans les cités, cernés par les Barbares qui étaient maîtres absolus de la campagne.

A ces expéditions qui laissèrent dans le pays de nouvelles colonisations de Germains, prirent part des cohortes de Francs-Saliens sous la direction et le commandement direct de leurs chefs, Bonicius (318) et autres. La présence dans le camp romain des contingents de ces peuplades établies sur le sol belge avec le consentement de l'empire, et conservant leurs lois entières, était la seule condition qu'on leur eût imposée en les colonisant.

Quelques peuplades gauloises s'affranchirent et se constituèrent en république [5].

Les Francs imitèrent les indigènes avec qui ils étaient dès longtemps liés et firent cause commune avec leurs amis.

Constant Ier, fils de Constantin, dirigea contre les Francs une expédition qui finit en 342 par la paix [6] qu'Ammien Mar-

---

1. « Constantium vero exagitabant adsidui nuntii, deploratas jam Gallias indicantes, nullo resistente ad internecionem barbaris vastantibus universa. » AMM. MARCELL, XV, 8. — CLAUD. MAMERT. EUM. *Paneg. In Juliani imp*, IV.

2. ZOSIM. III. *Julian. imp.* — JULIAN. IMP. *Epist. ad sen. pop. que Athen.*

3. GÉRARD. *Histoire des Francs d'Austrasie.*

4. V. PAUL. OROSI. *Advers. pag. hist.*, IV, 12.

5. ZOSIM. IV.

6. « Franci a Constante perdomiti, et pax cum eis facta. » HIERONYM. *Chronic.* apud D. BOUQUET, t. I, 610.

cellin nomme « pax limitum » [1]. On croit que cette paix indiquait comme limite aux établissements francs la forêt Charbonnière et que dès lors, et légitimement, ceux-ci « avaient définitivement pris possession de tout le territoire correspondant à la Belgique actuelle » [2].

La *Notitia dignitatum imperii*, que l'on attribue au IVe siècle, parle bien d'une flottille romaine de la Sambre ; mais elle indique comme stations principales Quartes et Hargnies près de Maubeuge, vers la frontière de notre territoire [3]. Une importante partie du cours de cette rivière était donc occupée par les Francs, puisque les stations romaines étaient reléguées vers la source de la rivière. Quant à la Meuse, elle était dès longtemps au pouvoir des Barbares depuis la mer jusqu'à Namur et au delà, ainsi que les contrées arrosées par la Senne et la Dyle.

GÉRARD [4] fait remarquer en outre que : « la *Notice de l'empire* constate qu'un certain nombre de forteresses importantes étaient occupées et gardées par des troupes franques, ou alliées de cette nation, cantonnées à divers postes par les Romains. »

Un corps de Menapiens,			à Saverne.
«	de *laeti* Asti ou Astingi,		à Yvoir.
«	«	Nerviens,	à Famar.
«	«	Bataves,	à Arras.

---

1. Telle est du moins l'opinion de FRÈRET dans son *Histoire de France* et d'autres historiens.

2. GÉRARD. *Histoire des Francs d'Austrasie*, I, 46 et 47. — MOELLER. *Histoire du moyen âge.*

3. « Praefectus classis Sambricae in loco Quartani sive Hornensi. » *Notitia utrique dignitatum imperii tum Orientis cum Occidentis, ultra Arcadii Honoriique tempora*, LXXXVII.

4. *Hist. des Francs d'Austrasie.*

Un corps de *laeti* Bataves,   à Noyon.
     «   «   de toutes tribus,   à Senlis.
     «   «   «   à Lowaige.
     «   «   «   à Langres.

Dès lors les Francs saliens sont un peuple établi chez lui et généralement allié de l'empire romain, l'aidant à défendre ses frontières et s'immiscant de plus en plus dans ses affaires et son administration.

M. STANISLAS BORMANS, avec d'autres auteurs recommandables, reporte à cette époque le partage des terres de notre Belgique par les Francs : « Lorsque dans le cours du quatrième siècle de notre ère, dit-il, les Francs eurent imposé leur domination aux Romains de Gaules, les chefs de ces nouvelles peuplades germaniques distribuèrent à leurs principaux guerriers, une bonne partie du territoire conquis ; chaque portion du sol ainsi morcelé devint un *alleu,* c'est-à-dire une propriété personnelle, indépendante, libre, et suivant l'expression des juristes, ne relevant que de Dieu et du soleil. » Cependant cette assertion demande un rectificatif et il ajoute avec raison : « Trop fiers pour s'occuper d'autres travaux que de ceux de la guerre, les nouveaux maîtres de nos contrées abandonnèrent aux anciens habitants le soin d'administrer les affaires publiques. » Peuple guerrier et nomade jusque là, ils ne tenaient pas encore aux attaches de la terre et ses institutions étaient toutes personnelles et indépendantes du territoire. Ils avaient offert le spectacle d'un peuple indépendant avec des lois et des chefs propres, et vivant sur le territoire appartenant aux Romains dont ils ne subissaient aucunement les lois, mais auxquels ils n'avaient pas non plus en réalité « imposé leur domination ». Aussi tenaient-ils peu à leurs *alleus* qu'ils laissaient administrer par les Belgo-Romains, lesquels cultivaient en paix à côté d'eux et auxquels sans tarder ils devaient laisser ces terres pour courir vers le sud établir en Gaule celtique leur royaume de France. Leur affaire était la guerre et le mouvement.

Il y avait autant de Barbares dans les armées romaines que dans les armées ennemies. Ce qui arriva bientôt le prouva.

Constance prit les Francs à son service, comme avaient fait déjà les usurpateurs ou empereurs indigènes nommés *tyrans* qui s'étaient disputé la Gaule, et les bandes du Nord pénétraient ainsi jusqu'au cœur de l'empire, les victoires des armées romaines se faisaient réellement au profit des Francs bien plutôt qu'au profit de Rome.

Les incursions s'avançaient dès lors vers le sud au delà de la Belgique jusque dans les autres provinces gauloises, « On commence à vivre avec les Francs au milieu de la future France » dit Chateaubriand [1].

Constance fit quelques efforts pour y porter remède, mais « entouré lui-même d'une multitude de chefs Francs qui florissaient alors dans son palais » [2], en qui il avait pleine confiance et à qui il avait délégué toute autorité, il n'aboutit qu'à une paix accordant aux Francs d'outre Rhin de nouveaux domaines le long de ce fleuve jusqu'aux Vosges et comprenant Mayence et Strasbourg (354).

De 353 à 360, les hordes franques du Rhin ravagèrent la Gaule et restèrent vainqueurs peut-on dire. Ces désastres prirent fin par une paix provisoire obtenue enfin par Julien ; mais la guerre reprit bientôt, plus avantageuse pour ce général, qui en 357 parvint après un long siège à faire prisonnières des troupes d'incursion franques, qui s'étaient fortifiéés sur la frontière orientale de Tongres, au bord de la Meuse, non loin de la Roer [3].

1. *Études historiques.*

2. V. Amm. Marcell., XV, 5.

3. V. Ammia. Marcell., XVII, 2. — Libanius.

L'année suivante le général reprit la guerre. Il fut longtemps arrêté par les troupes franques venues de Trèves et des environs ; et il eut toutes les peines du monde à rétablir un peu l'autorité romaine sur son passage. Il arriva ainsi avec son armée en présence des tribus de Francs saliens, devenus dès longtemps un peuple du pays et non un peuple d'incursion nouvelle : ils étaient établis, comme nous l'avons dit, d'une manière complètement indépendante des Romains dès avant Constantin, lors de la révolte de Carausius, avec l'assentiment de Constance Chlore. Nous avons parlé de cette colonisation qui ne fit que s'étendre en diverses autres circonstances ; et depuis on les avait laissés en repos dans la Toxandrie et dans les contrées voisines[1], et dans une partie de la vallée de la Meuse.

Les Saliens demandaient la paix sans condition, se regardant comme chez eux[2] et promettant de ne pas en sortir, mais le général romain exigea leur soumission, qui du reste ne fut qu'apparente comme toujours. Ce n'était là en quelque sorte qu'une comédie, périodiquement renouvelée du consentement tacite d'un empire impuissant et de ses redoutables tributaires (358).

De là Julien se jeta sur les Chamaves, peuple qui était probablement établi non loin des Saliens, sur la rive gauche de la Meuse, et qui fut refoulé dans ses retraites de forêts.

Les autres peuplades franques établies en Belgique avaient fait aussi une apparence de soumission aux Romains pour n'être pas tracassées[3].

---

1. « Quibus paratis petit (Julianus) primos omnium Francos, eos videlicet quos consuetudo Salios appelavit, ausos *olim* in Romano solo apud Toxandriam locum habitacula sibi figere prælicenter. » AMMIAN. MARCEL. *Rer. gestar*. XVII, 8.

2. « Tanquam in suis. » AMMIA. MARCELL. XVII, 8.

3. « Hac animadversa Cæsari (Juliani) humanitate salii, partim ex insulâ

Mais en vain Julien releva-t-il diverses forteresses sur la Meuse, la soumission des Francs à ce général, et notamment celle des Saliens, ne fut qu'apparente (360). Quelques années après ces peuplades, surtout celles du Rhin, se répandirent de nouveau dans tous les coins de la Gaule belgique qui se trouva réellement envahie à nouveau.

Le seul résultat des guerres de Julien avait été d'introduire dans ses armées de nombreux contingents de ces diverses peuplades franques même transrhénanes. Ces soldats « abandonnaient leurs demeures et s'étaient engagés à condition de n'être jamais envoyés au midi des Alpes [1] ». Les chefs mêmes gardaient un commandement, par exemple le Salien Charietto, à qui, sous le règne suivant, l'on confia le commandement de l'armée romaine dans les Gaules.

Valentinien Ier (364-375) passa sa vie à créer des forts le long du Rhin et de la Meuse [2]. Il accorda toutes ses faveurs aux chefs francs Mallobaude, etc. (370), dont les troupes, alliées de l'empire, défendaient les frontières gauloises [3].

Gratien (375-383) continua le même système, ainsi que ses successeurs.

Ces Francs étaient les premiers ministres des empereurs d'Occident et les vrais maîtres de la Gaule [4] qu'occupaient leurs contingents. A eux seuls, sous le nom de *magister militum*

(Batavorum) cum rege suo Romanum in solum transjiciebant..... Omnes Cæsari supplices facti, sponte sua se cum rebus suis, ejus fidei permittebant. » ZOSIM. *Hist.* 120. — III *Constantinus et Julian.* 6.

1. AMMIAN. MARCELL. XX, 4.

2. AMM. MARCELL. XXVIII, 2.

3. ZOSIM. IV. *Valentin. et Valens.*

4. SULPIC. ALEXAND. apud GRÉG. TURON. *Litt. II.*

obéissait l'armée [1], Mallobaud gardait jusque dans l'armée romaine son titre de roi de sa tribu [2].

Un autre de ces chefs francs, nommé Ricomer, fut même porté au consulat sous Valentinien II (384).

Il faut du reste distinguer soigneusement dans les Gaules, les Francs ennemis de Rome et envahisseurs, établis le long de la rive droite du Rhin, et les Francs dès longtemps établis dans les terres intérieures presque jusqu'aux limites méridionales de la Belgique actuelle, alliés de l'empire et remplissant ses armées ou transportés par lui, livrés à la culture et nommés *Saliens* par Ammien Marcellin. Ils avaient une merveilleuse facilité pour se plier à la civilisation romaine. « Leur génie souple et intelligent, leur langue difficile et compliquée leur permettaient de s'assimiler facilement un idiome plus sonore et des mœurs plus douces [3]. » SIDOINE APOLLINAIRE consacre toute une de ses pièces de poésie à établir cette différence [4]. « Ces Francs civilisés envahissant les armées romaines, commandées par des chefs de leur nation, étaient préférés aux soldats romains par les faibles empereurs ; ils encombraient le palais, ils semblaient d'avance les jeunes successeurs de ces fantômes des maîtres du monde ; et ils se croyaient déjà si Romains, ou plutôt ils considéraient la Gaule comme tellement à eux, qu'ils se chargeaient de la défendre contre les nouvelles invasions de leurs frères du Rhin [5]. » Ils différaient encore des Romains par le langage et l'habillement [6].

----

1. SOCR. V. — ZOS. IV. — PACAT. *Panegyr. ad Théod.*

2. AMM. MARCEL. XXXI, 10.

3. DE LAVELEYE. *Histoire des rois francs*, p. 38.

4. SIDON. APOLLINAR. *Carmin.* V.

5. GRÉGOR. TURON. *Hist. franc.*

6. « Nihilo a nobis differre quam solum modo barbarico vestitu et linguæ proprietate. » AGATHIAS.

Tel était le peuple Franc civilisé, établi en Belgique et aidant les Romains à en défendre le territoire, en présence du peuple Franc, guerriers sauvages, envahisseur rôdant autour de nos contrées.

On s'explique assez difficilement comment les Francs se trouvaient en nombre dans toute une partie de l'empire romain et y conservaient leurs chefs et leurs rois , tout en admettant encore, jusqu'à un certain point les lois, les institutions, la domination et l'autorité de l'empire romain et tout en défendant même ses institutions, son territoire et se soumettant à son autorité.

Un mot est nécessaire pour faire comprendre cette position que nous jugeons anormale avec nos idées modernes.

L'autorité qui suivait les hordes franques, comme les autres tribus d'invasion à cette époque, était une autorité disciplinaire. Leurs rois étaient des chefs personnels ayant autorité sur les gens, mais non sur le territoire. C'est ainsi que pendant de longs siècles leurs successeurs continuèrent à porter le nom de rois des Français et réellement tel est le véritable titre des rois Francs. Il y a plus ; même lors de la décadence complète de l'empire, l'opinion du peuple n'aurait pas toléré que les rois des Barbares, quoique maîtres de la Gaule, prissent le nom d'empereur et s'en conférassent ouvertement les attributions. Ils créaient et renversaient les empereurs à leur volonté, mais ils ne risquaient pas, ou dédaignaient de se déclarer empereur. Un exemple démontre l'exactitude de ces faits, c'est ce que fit Arbogaste, maître tout-puissant et créant empereur son secrétaire romain Eugène, qu'il charge de régner sous sa domination.

Chose remarquable, le pays qu'ils habitaient dans nos contrées rhénanes, portait déjà le nom de *France*, comme nous le fait connaître un auteur latin en nous apprenant que leur

ennemi acharné Macrianus, roi des allemands alla périr misé-
rablement dans leur contrée qu'il voulait envahir [1].

A cette époque déjà les premières prédications du christianisme avaient été faites dans le pays. St Piat fut missionnaire de
Tournai vers 285 ; s^t Victoric et s^t Fuscian prêchèrent les
Morins vers 300. Enfin les Nerviens eurent un évêque nommé
Superior vers 349. St Materne fonda aussi l'évêché de Cologne
à la fin du IIIe siècle. Au commencement du Ve siècle il y avait
des évêchés de Tongres, de Cambray et de Tournai. Mais le
christianisme ne se propagea guère en Belgique et la foi ne s'y
implanta réellement qu'au VIIe siècle.

Pour cette époque il faut se souvenir que dès avant
Constantin, le christianisme était généralement répandu dans
l'empire, même dans l'armée et que cet empereur le permit par
l'édit de Milan (312). Beaucoup de Francs soumis, soldats ou
non, s'étaient aussi convertis à la nouvelle religion.

On peut donc rencontrer dans leurs tombes des indices du
christianisme, surtout depuis le IVe siècle. Cependant il semble
que les tombes chrétiennes fussent généralement éloignées des
sépultures communes par suite des persécutions.

La Belgique était franque, les Francs y étaient établis en
maîtres et sans conteste, unis aux peuples autochtones qui
s'étaient jetés dans leurs bras et qu'ils protégeaient contre
les Romains.

Ils avaient même commencé déjà la conquête de la Gaule
du sud où ils allaient établir bientôt leur empire d'une
manière définitive.

Voilà où il faut chercher les auteurs de ces cimetières
romano-francs, régulièrement établis et arrangés, sur lesquels

----

1. « Periit in Francia postea, quandum internecive vastando perrumpit
avidius, oppetiit Mellobaudis bellicose regis insidiis circumventus. »
AMM. MARCEL. XXX, 3.

nous avons appelé l'attention ; cimetières si différents des cimetières francs isolés dans lesquels on trouve des traces de sépultures ou de charniers de bataille souvent communs, portant le cachet de la hâte, du trouble, du désordre qui étaient la conséquence et la suite nécessaires des combats, et qui cependant sont accompagnés de tombes prouvant que la bande victorieuse restée sur les lieux s'y est établie, y a vécu et y est morte.

Troisième période, invasion des Francs dans les Gaules méridionales.

Sous le tyran Maxime (probablement vers 383), eut lieu un mouvement des Cattes et autres Francs, conduits par Génobaude, Marcomir et Sunon. Ces peuplades des bords intérieurs du Rhin se répandirent dans le pays et arrivèrent dans les pays de Tongres et des Nerviens, où ils semblent avoir rencontré plutôt de l'assistance que de la résistance. Ils tentèrent de traverser la *Forêt charbonnière* [1] et de se répandre au sud par delà les limites de la Gaule belgique, le long de la Sambre, jusqu'au sud du Hainaut.

Les commandants ou comtes des milices gauloises Nannenus et Quintinus leur infligèrent une défaite [2]. Mais cette victoire ne servit de rien ; l'armée romaine, au delà du Rhin, éprouva à son tour une défaite beaucoup plus sanglante qui la détruisit complètement.

---

1. La *Forêt charbonnière* couvrait le sud du Hainaut et s'étendait le long de la Sambre sur la rive droite, par tout le pays de Nervie, jusque vers la Forêt des Ardennes.

2. « Multis Francorum apud Carbonariam ferro peremptis. » SULPIC. ALEXAND. apud GRÉG. TUR. *Hist. Francor*, II, 9.

« Apud Carbonariam de Francis strages fitur. » GRÉG. TUR. *Hist. Franc.* Epit. — AIMONI. *De gestis Francor*. I, 3, in *Rerum gallic. script.* III.

Le père de Valentinien II avait élevé au plus haut rang son généralissime, le Franc salien Arbogaste ; le jeune prince voulut le destituer, mais celui-ci après l'avoir tué [1], conclut un traité d'alliance avec ses frères du Rhin ou Ripuaires (392).

Théodose, empereur d'Orient, fit la guerre au meurtrier et remporta sur les Francs du Rhin des avantages que le poète Claudien raconte avec emphase et exagération (396). Ces succès n'empêchèrent pas les Francs de s'avancer jusqu'à Cologne et Trèves qu'ils pillèrent. Castinus qui fut envoyé contre eux ne put les vaincre et fut obligé de les confirmer dans leurs possessions (399). Dès lors les Sicambres établis le long de la rive gauche du Rhin étaient devenus les Ripuaires et s'étendaient jusqu'à la Roer.

Quant aux Saliens qui s'étaient avancés jusque dans toute la vallée de la Meuse, ils surent s'y maintenir contre l'avalanche des Huns et des Vandales qui passa sur la contrée sous le règne d'Honorius [2]. Ils étendirent même leurs possessions dans le pays ; mais toujours en restant sous l'égide de l'empire et se donnant pour ses soldats. Ils occupaient tous les *castra* des Romains et étaient établis définitivement dans la Toxandrie et la Nervie et dans tout le pays des Morins, c'est-à-dire bien au delà de la Belgique actuelle (409).

Mais toujours ils conservaient l'alliance de l'empire et lui vendant la paix ou le service de leurs armes et s'en faisant craindre ; fait que devaient parfois avouer les auteurs contemporains , bien que le plus ordinairement ils aient pris à tâche de présenter puérilement la souplesse et

---

1. « Letaliter vulnerat et interfecit. » Zosim. *Hist.* IV. *Theod. et Valent.*, 54.
2. Grég. Tur. *Hist. Francor.*, II, 9.

l'adresse de ces peuples, comme de la terreur et de la servilité [1].
Ces auteurs par leurs flatteries exagérées arrivent à dénaturer
complètement la vérité, qu'il n'est d'ailleurs pas difficile de
deviner car, dans d'autres passages, ils la laissent voir clairement.

Les sujets romains pressurés et misérables se jetaient dans
la domination des Barbares. Les fonctionnaires eux-mêmes
ne pouvaient tenir et fuyaient les villes pour se cacher. Les
campagnes étaient dévastées et désertées. C'étaient partout
l'oppression, la souffrance pour tout ce qui n'était pas Franc
ou protégé par les Francs.

Le moment était venu du reste où, dans les convulsions de
l'empire d'Occident à l'agonie, l'union, jusque là molle et
indécise, entre les Francs alliés de Rome et les Francs envahisseurs allait se resserrer et devenir active. Saliens et Ripuaires
unis s'associaient même aux indigènes de la Belgique où
l'empire était dès lors complètement dépossédé ne conservant
de pouvoir que dans la Gaule transalpine. Les Francs
vendaient d'ailleurs la paix à l'empire au prix de subsides
honteux [2], comme nous venons de le dire.

Encore cet état ne fut-il que passager, malgré les efforts
d'Honorius (414).

---

1. « Ut Salius jam rura colat, flexosque Sicambrus
   In falcem curvet gladios. »
          CLAUDIAN. *De laud. Stilicon.*, I, 222.
   « Ante ducem nostrum flavum sparsere Sicambri
   Cæsariem, pavidoque orantes murmure Franci
   Procubuêre solo. »
          CLAUDIAN. *De quart. cons. Honor. Aug. paneg.* 446.

2. « Illi terribiles, quibus otia vendere semper
   Mos erat et foeda requiem mercede pacisci. »
          CLAUDIAN. *De laud. Stilicon.* I, 209.

Les Francs, tous libres, n'étaient plus liés aux Romains que par des traités. Dès lors toutes leurs peuplades liguées sous le nom de Sicambres, nom originaire qu'elles affectionnaient, et associées avec des peuplades belges originaires ou belgo-germaines, qui avaient survécu jusqu'à cette époque, commencèrent sérieusement la conquête de la Gaule du sud sous leurs chefs Markomer, puis Théodemer. C'est alors que Chlodion venant de la vallée de la Meuse et du Tongrois ou *Thoringie,* traverse la *Forêt charbonnière* qui avait servi si longtemps de limite à son peuple et s'avance à la conquête du pays, dont ses successeurs firent plus tard le royaume de France. Tous les chroniqueurs disent qu'il sortit de la *Forêt charbonnière* pour s'emparer du pays de Cambray, etc. (439ou 452)[1].

Tout était dit pour la Belgique, depuis un siècle elle était franque. Quant à la France, l'invasion et l'occupation allaient seulement commencer. La conquête de la Belgique était un fait accompli, la conquête de la France allait avoir lieu ; et les armées qui allaient l'envahir étaient les armées Saliennes du centre et du nord de la Belgique, de concert avec les armées des Ripuaires du nord est.

Elle se fit progressivement et ce ne fut que sous Clovis que le royaume des Francs fut réellement établi sur le pays, et la conquête doit être reportée au commencement du VIe siècle seulement.

---

1. « Et ingressus Carbonariam sylvam. » RORICO. *Gesta Francor.*, I.
« Carbonariam sylvam ingressus. » SIGEBERT. GEMBL. *Chronicon ad ann.,* 445.

CONCLUSION.

En réalité la conquête franque n'avait pas été une invasion. L'empire romain s'effondrait et laissait la Gaule aux peuples francs, qui après avoir défendu longtemps ces pays pour les Romains y restaient en maîtres, parce que l'ancien possesseur était trop faible pour défendre sa propriété.

« L'empire romain - latin était devenu l'empire romain-barbare un siècle et demi avant la chute d'Augustule » (de 320 à 476), dit CHATEAUBRIAND [1].

Pendant toute cette période de l'empire romain, les Barbares formaient déjà une puissance rivale. Les Romains et les Barbares arrivaient alternativement au pouvoir jusqu'à Clovis, qui surgit pour gouverner, lui Barbare, sous la loi romaine et avec l'exequatur de l'empereur.

Du reste pendant toute la dernière partie du Ve siècle, le général en chef des armées romaines avait toujours été un Barbare tout puissant, qui renversait le souverain de son trône quand le souverain ne marchait pas à sa guise.

Ces conditions, dit C. VANDER Elst, expliquent la facilité avec laquelle la conquête s'affermit dans la suite et éclaire la phrase de PROCOPE [2] : « Les Romains contraints de subir la loi des Francs et continuant à vivre parmi eux ».

Ainsi donc cette constitution politique nouvelle pour la Gaule belgique, n'a été le résultat ni d'une invasion, ni de la conquête par une armée étrangère ; mais de la formation graduelle d'un peuple composé d'éléments divers, sortis de même souche tudesque et habitués dès longtemps à exister l'un à côté de l'autre. Les guerres des peuples germaniques

---

1. *Études historiques.*
2. *De Bello gallico.* I, 12.

contre la puissance romaine, qui étaient des irruptions pour cette reine du monde, étaient pour les Belges de vraies insurrections contre une autorité avide et tracassière , avec l'aide de frères venus de contrées voisines.

Aussi les lois franques eurent-elles bien vite étouffé les lois romaines, sans que la population belge eût rien à regretter d'un joug qui lui pesait.

Cet envahissement progressif du pays est un fait historique qui entraîne des conséquences archéologiques fort importantes.

Nous avons divisé ce mouvement en trois périodes qui correspondent à trois étapes d'établissements francs dans diverses parties de la Belgique, où l'archéologue pourra rechercher en terre les traces de ces établissements successifs, les habitations, les lieux d'inhumations, etc.

A la fin de la première période ou lors de la première étape, vers le commencement du IIIe siècle, les Sicambres habitaient déjà plusieurs établissements dans le nord jusqu'au delà de la Meuse et de l'Escaut; mais ils n'avaient pas encore pénétré jusqu'à la Sambre.

La deuxième période nous conduit à la fin du IVe siècle. A cette époque la Belgique actuelle est couverte presque partout de Francs. Pendant ce siècle et demi les Saliens l'ont envahie peu à peu et y ont fondé leurs établissements à côté de ceux des habitants du pays, les Belgo-Romains, avec l'assentiment et souvent de par l'autorité des empereurs romains qui en faisaient des *læti*.

Je dois ajouter que la fédération franque formée au milieu du IIIe siècle amena vers le commencement du IVe, vraie époque de transition belgo-franque, l'occupation franque de la vallée du Démer et d'une partie de la Nervie et de la Trévirie. Déjà alors, des établissements isolés avaient pu se former dans les limites de notre arrondissement de Charleroi et nous en avons vu un exemple à Strée.

Au milieu du IVe siècle, les Saliens étaient tolérés jusque vers la limite de la *Forêt charbonnière* et occupaient une partie importante du cours de la Sambre.

La troisième période enfin est celle de l'envahissement de la France actuelle, c'est seulement pour ce pays l'époque de transition gallo-franque qui commença au Ve siècle et dura une centaine d'années.

OUVRAGES DE D. A. VAN BASTELAER.

PHARMACIE, BOTANIQUE, CHIMIE, HYGIÈNE, TOXICOLOGIE.

Des vases vitrifiés et vitrifères au point de vue de l'hygiène. — Liège, J. Carmanne. 1862. Prix : 1 franc.

Valeur de l'acide acétique et de l'acétate de plomb tribasique comme réactifs dans la recherche des falsifications de farines alimentaires. *Mémoire couronné par la Société des Sciences médicales et naturelles de Bruxelles.* — Bruxelles, Tircher. 1862. Prix : 1 fr.

Sulfate de soude des verreries mêlé de grains de fer et de fonte. Conséquence de ce mélange au point de vue de la fabrication du verre. — Charleroi, J. Piette. 1863. A. Piette. Prix : 50 cent.

Promenades d'un botaniste dans un coin des Ardennes belges. — Bruxelles, G. Mayolez. 1864. Prix : 1 fr.

Études sur quelques Rumex de la section Lapathum. — Gand, C. Annoot. 1868. Prix : 1 fr.

Recherche d'un réactif spécial propre à constater la pureté de la farine de riz et y déceler un mélange quelconque de farine étrangère. *Extrait du Bulletin de l'Académie royale de médecine de Belgique.* — Bruxelles, H. Manceaux. 1868. Prix : 1 fr.

La question du travail des femmes et des enfants dans les houillères, en présence de la statistique officielle. *Discours prononcé à l'Académie royale de médecine de Belgique.* — Bruxelles, H. Manceaux. 1868. Prix : 1 fr.

Études comparatives et commentaires sur la Pharmacopœa belgica nova et sur le *Codex medicamentarius, Pharmacopée française.* Première partie. — Bruxelles, H. Manceaux. 1869. Prix : 4 fr.

Recherche des falsifications de denrées alimentaires au point de vue légal. Composition du beurre naturel. Procédé pratique et expéditif pour le dosage commercial des éléments qui le composent normalement. — Anvers, J. Dirix. 1882. Prix : 1 fr.

Fréquence de l'empoisonnement par l'arsenic et nécessité pour l'État de prohiber ou de réglementer l'emploi de ce toxique dans les usines. *Motion faite à l'Académie royale de médecine de Belgique. Premier discours.* — Bruxelles, H. Manceaux. 1883. Prix : 50 cent.

Des expertises légales en matières de falsification d'écritures. — Bruxelles, J. Poot. 1861. Prix : 50 cent.

De la saisie des pièces à conviction en matière de viol considérée au point de vue de l'expertise chimique qui doit suivre. — Bruxelles, J. Poot. 1861. Prix : 50 cent.

De l'autopsie légale au point de vue de la possibilité d'une expertise chimique consécutive. — Bruxelles, J. Poot. Prix : 50 cent.

Note sur le moyen de séparer, dans les recherches toxicologiques, le phosphore libre des matières graisseuses, et de le recueillir à l'état de corps simple pur *Extrait des Bulletins de l'Académie royale de médecine de Belgique.* — Bruxelles, H. Manceaux. 1872. Prix : 1 fr.

Rapport sur le parti que le gouvernement pourrait tirer des connaissances chimiques des pharmaciens au point de vue de la falsification des substances alimentaires. — Anvers, J. Dirix. 1875. Prix : 50 cent.

Sur un fulgurite formé en présence de plusieurs témoins à Gougnies, près de Charleroi. — Bruxelles, F. Hayez. 1883. Prix : 50 cent.

Des expertises médico-légales et toxicologiques, à propos des abus signalés sur ce point à l'Académie royale de médecine de Belgique. *Discours prononcé à la séance du 27 décembre* 1879. — Bruxelles, H. Manceaux. 1880. Prix : 50 cent.

ÉTUDES, DISCOURS ET MÉMOIRES RELATIFS A LA PHARMACIE.

Tome Ier, composé des mémoires suivants :

Essai sur les médicaments de la nouvelle Pharmacopée belge, qui, sous des noms anciens, représentent des médicaments nouveaux ou notablement modifiés. — **Association générale pharmaceutique de Belgique. Comptes rendus** d'assemblées générales annuelles. — **Discours** prononcés sur les tombes de J.-B.-Aug. Pasquier, pharmacien et Marc.-Théod. Kakembergh, membre de la Commission médicale du Hainaut. — **Discours** prononcés à l'*Académie de médecine* **rapports et études** sur les examens de pharmacie, le stage officinal, les prête noms en pharmacie et le cumul de la pharmacie et de la médecine. — **Union pharmaceutique de l'arrondissement de Charleroi.** Fête donnée à l'occasion du 25e anniversaire de cette Société, le 16 avril 1871. — **Faut-il étendre l'emploi médical des principes immédiats et chimiquement définis** et en multiplier les préparations dans les pharmacopées. Question posée par le Congrès périodique international des sciences médicales tenu à Bruxelles en 1875. *Rapport officiel présenté à la section de pharmacie.* — **Un mot aux jeunes médecins** dans l'intérêt du corps médical entier. — **Faisons appliquer les lois existantes.** — **Rapport officiel du concours** de l'Académie de médecine sur l'influence de la dessication pour la conservation des médicaments simples du règne végétal. — **En Belgique, le pharmacien peut-il délivrer des médicaments sans prescription du médecin,** etc. — **Moyens que donne la loi de 1818** pour combattre efficacement l'exploitation de pharmacies ou de dépôts de médicaments établis sans titulaire régulier. — **Villes et plat pays en Belgique.** — Mons. H. Manceaux, 1863-1883. Prix : 5 fr.

HISTOIRE, ARCHÉOLOGIE.

Le cimetière belgo-romano-franc de Strée. Rapport sur la fouille, description des objets trouvés et études de diverses questions d'archéologie que cette fouille a soulevées. *Avec* 13 *planches.* — Mons. H. Manceaux. 1876. Prix : 5 fr.

Collection des actes de franchises, de privilèges, octrois, ordonnances, règlements, etc., donnés spécialement à la ville de Charleroi, depuis sa fondation par ses souverains ; avec quelques commentaires sur les faits et les causes qui ont amené ces actes. — Mons. H. Manceaux. 1868-1878. Six fascicules. Prix : 10 fr.

OPUSCULES HISTORIQUES SUR LA VILLE DE CHARLEROI.

Tome Ier, *avec* 20 *planches et* 3 *gravures dans le texte ;* composé des mémoires suivants :

Recherches sur l'origine du nom de Charleroi. — **Histoire métallique de Charleroi.** Précis historique accompagné de la description et du dessin des jetons et des médailles frappés, depuis 1666, à propos d'événements qui ont directement influencé les destinées de cette ville, ou ayant rapport aux autres localités de l'arrondissement. — **La première pierre de la forteresse de Charleroi** et les objets que cette première pierre cachait, exhumés en 1871. — **Les fêtes et l'éloquence républicaine à Libre-sur-Sambre;** pièces officielles propres à constater l'esprit républicain dans le canton de Charleroi, à la fin du siècle dernier. — **Combat de César et des Nerviens** sur les bords de la Sambre. — **Notice historique sur la ville de Charleroi**, édition posthume publiée d'après le manuscrit de Th.-J. PRUNIEAU, maire de cette ville en 1817, précédée de la biographie de cet auteur. — **Les armes et les sceaux de Charleroi.** Recherches sur les vraies et légitimes armoiries de cette ville et sur le blason apocryphe qui leur a été substitué au XIXe siècle. — **Même ouvrage, résumé.** — Mons, H. Manceaux. 1868-1875. Prix : 10 fr.

Tome IIe, *avec trois planches*, composé des mémoires suivants :

La forteresse de Charleroi fondée par S. M. Guillaume Ier roi des Pays-Bas. Première pierre de fondation et objets qu'elle cachait retrouvés en 1871. — **Les arbres de la liberté** à Charleroi dans les diverses périodes révolutionnaires de la Belgique. — **Charleroi, Gilly, Fleurus et Waterloo.** Épisode de 1815, écrit par un témoin oculaire carolorégien. Notes posthumes détachées des papiers de feu François-Joseph Weggantt. — **Biographie de Jean-Louis Quevreux**, maire de Charleroi en l'an III. — **Compte rendu de l'inauguration du musée archéologique** de Charleroi le 13 juillet 1879, par E. Cobaux, secrétaire. — **Compte rendu de la manifestation** faite le 18 décembre 1881, par la Société paléontologique et archéologique de l'arrondissement judiciaire de Charleroi, en l'honneur de Messieurs D.-A. Van Bastelaer, son président et P.-C. Vander Elst, son ancien président, par J. De Thibault, membre du comité. — **Le plus ancien plan de Charleroi** et une chanson dans un almanach du XVIIe siècle. — **Description d'un plateau d'étain** gravé en mémoire de la levée du siège de Charleroi par le prince d'Orange, le 14 août 1677. — **Notice biographique et bibliographique sur Pierre-Constant Vander Elst**, président d'honneur de la Société paléontologique et archéologique de Charleroi. — **Collection de rapports annuels** sur les travaux de la Société paléontologique et archéologique de l'arrondissement de Charleroi, formant l'histoire des vingt premières années de cette Société, depuis sa fondation en 1863 jusqu'en 1883. — Mons, H. Manceaux. 1879-1882. Prix : 10 fr.

MÉMOIRES ARCHÉOLOGIQUES.

Tome Ier, *avec 9 planches dont 3 chromolithographiées*; composé des mémoires suivants :

Rapport de la Commission déléguée au Congrès archéologique international d'Anvers en 1867. — **Nécrologe du couvent de l'ordre de Saint-François** dit : sur la Sambre, *ad Sabim* ou *ad Sambram*, et situé autrefois sur le territoire actuel de Farciennes. *Avec une table onomastique.* — **L'art romain et l'art barbare dans les bijoux** trouvés au cimetière antique de Strée (Hainaut) et dans les stations belgo-romaines de l'Entre-Sambre et Meuse, contemporaines du Haut-Empire. — **Les instruments épilatoires chez les Romains** et chez les peuplades germaniques et franques. — **Réminiscences modernes des rites mortuaires de l'antiquité**, principalement dans le Hainaut et dans l'Entre-Sambre et Meuse. — **L'ambre taillé ou véritable et l'ambre moulé ou faux dans l'antiquité** Recherches chimiques et archéologiques. — **Les couvertes, lustres, vernis, enduits, engobes, etc.**, de nature organique, employés en céramique par les Romains. Recherches chimiques et archéologiques. — **Origines antiques du rasoir moderne.** Transformations successives du rasoir depuis l'antiquité. — **Exrait du Liber defunctorum S^{ti} Francisci ad Sabim,** ou Obituaire du couvent de Saint-François de Farciennes, avec des notes. — **Textes et déductions archéologiques sur les amphores et le vin à Rome.** — **Les coffrets de sépulture en Belgique** à l'époque romaine et à l'époque franque. — **La villa belgo-romaine de Villé sous la Neuville à Montignies-sur-Sambre.** Rapport sur la découverte et études de questions archéologiques qui s'y rapportent. — Mons, H. Manceau. 1868-1878 : 10 fr.

Tome IIe, *avec 25 planches;* composé des mémoires suivants :

Une légende du Diable au pays de Chimai. La Pierre-qui-tourne entre Froid-Chapelle et Sivry. — **Rapport sur l'excursion faite par la Société archéologique de l'arrondissement de Charleroi,** le 12 septembre et le 21 octobre 1878. Solre-sur-Sambre, Montignies-Saint-Christophe, Hantes-Wihéries, La Buissière, Fontaine-Valmont, Leers-Fosteau, Ragnies, Biercée. — **Les grès-cérames ornés de l'ancienne Belgique** ou des Pays-Bas, improprement nommés *grès flamands.* Châtelet et Bouffioulx centres importants de production et d'exportation en Belgique et en pays étrangers. Premier rapport fait à la Société de Charleroi. — **Archéologie des poids et mesures des communes** de l'arrondissement de Charleroi. — Mons, H. Manceaux, 1878-1880. Prix : 10 fr.

Tome III°, *avec 16 planches dont 8 chromolithographiées et une gravure dans le texte,* composé des mémoires suivants :

Étude sur un précieux phylactère du XIIe siècle, provenant du prieuré de Sart-les-Moines à Gosselies et probablement originaire de l'abbaye de Lobbes. Émail et dorure sur cuivre bronzé. — **Les tombes gauloises de la France et les tombes germaniques de la Belgique** antérieures à l'invasion belgo-romaine. Une tombe germanique découverte et méconnue en 1851 à Bernissart, village du Hainaut. — **Les grès-cérames ornés de l'ancienne Belgique** ou des Pays-Bas, improprement nommés *grès flamands.* Châtelet et Bouffioulx centres importants de production et d'exportation en Belgique et en pays étrangers. Deuxième rapport fait à la Société archéologique de Charleroi. — Mons, H. Manceaux. 1880. Prix : 10 fr.

Les grès wallons, grès-cérames ornés de l'ancienne Belgique ou des Pays-Bas, improprement nommés *grès flamands.* Troisième rapport. Les grès ornés à Bouffioulx, au xvie siècle. *Avec planches.* — Bruxelles. J. Baertsoen. 1881. Prix : 2 fr.

Note sur l'offrande de menus objets, épingles, aiguilles, clous, liards, etc., en ex-voto, dans les voyages, les pèlerinages, les passages de rivières, etc. — Mons, H. Manceaux. 1882. Prix : 50 cent.

L'époque franque au point de vue des archéologues n'est pas la même en France et en Belgique. Recherches sur l'établissement graduel des Francs dans le pays, spécialement dans l'arrondissement de Charleroi, d'après le texte d'auteurs latins et sur la détermination des cimetières de transition romano-franque du sol belge. — Mons, H. Manceaux. 1883. Prix : 1 fr.

Les grès wallons, grès-cérames ornés de l'ancienne Belgique ou des Pays-Bas, improprement nommés *grès flamands.* Ouvrage formant une monographie au point de vue historique et descriptif avec grand nombre de planches noires et chromolithographiées. — Mons, H. Manceaux, 1884. Prix : 20 francs.